U0638307

家庭教育的

48种实用方法

邓思贤 著

哈尔滨出版社
HARBIN PUBLISHING HOUSE

图书在版编目（CIP）数据

家庭教育的 48 种实用方法 / 邓思贤著 . — 哈尔滨：
哈尔滨出版社，2021.9
ISBN 978-7-5484-6149-4

Ⅰ . ①家… Ⅱ . ①邓… Ⅲ . ①家庭教育 Ⅳ . ① G78

中国版本图书馆 CIP 数据核字 (2021) 第 131504 号

书　　名：**家庭教育的 4 8 种实用方法**
　　　　　JIATING JIAOYU DE 48 ZHONG SHIYONG FANGFA

作　　者：邓思贤　著
责任编辑：韩伟锋
责任审校：李　战
封面设计：树上微出版

出版发行：哈尔滨出版社（Harbin Publishing House）
社　　址：哈尔滨市香坊区泰山路 82-9 号　　邮编：150090
经　　销：全国新华书店
印　　刷：武汉市籍缘印刷厂
网　　址：www.hrbcbs.com
E-mail：hrbcbs@yeah.net
编辑版权热线：（0451）87900271　87900272
销售热线：（0451）87900202　87900203

开　　本：880mm×1230mm　　1/32　　印张：3.5　　字数：73 千字
版　　次：2021 年 9 月第 1 版
印　　次：2021 年 9 月第 1 次印刷
书　　号：ISBN 978-7-5484-6149-4
定　　价：48.00 元

凡购本社图书发现印装错误，请与本社印制部联系调换。
服务热线：（0451）87900279

目 录
CONTENTS

前 言

　　各位家长、各位同学，本书是广大老师终生所悟所得，字字是金，句句是人生所悟和真谛，假传一本书、真传一句话，要真正读懂，读透彻。我希望你们每一位同学不要读一遍就丢掉了，因为这样就浪费了所有老师的心血，读一遍，只能是代表你认识本书中的字，并不代表你已懂得本书的意思。老师建议你们最少读十遍，并且是慢慢地读，读完再慢慢地品味十遍，然后在以后每一天行动中，对照一下有没有达到老师的要求，如果你能自觉地养成以下好习惯，你将会成为一个很有出息的人：

　　　　1. 诚实不骗人　　　　2. 勤劳不偷懒

　　　　3. 时间不浪费　　　　4. 恶习不沾边

　　　　5. 拒绝玩游戏　　　　6. 小心莫受骗

　　当你拿起这本书的时候，老师就来到了你面前，从此家长会教出感恩的孩子，小学生会树立人生的偶像，中学生会考入更好的大学，大学生会拥有更美好的明天。

世间有伯乐，然后有千里马，千里马常有，而伯乐不常有，学生有很多，能让学生成功的书不多，拥有此书，就拥有了老师们一生的智慧，践行此书，就拥有了你成功的人生！

欢迎广大读者献出生活中解决问题的经验和智慧与大家分享，提出生活中无法解决的问题，供大家互相探讨。

《家庭养儿教儿经典标识》因社会大众参与，版本内容会不断扩大，不断加深，不断全面。它不仅仅是一本书，而且还是一首歌，一首促成人民奋斗成功的和谐的歌，政府领导是辖区居民最大的家长，希望能借他们的慈心仁手，把这首歌送进每一个民众的心里，早受教，早受益，早成功，早和谐，并且还早受实惠。因为他们的推广成本会比本公司的推广成本低很多，民众将会因他们的推广而受惠很多，惠民利民之大事，何乐而不为。社会在发展，新鲜事物层出不穷，许多家庭正在为无法解决一件小事而争吵不断，许多父母正由于为孩子付出得不到感恩、认可而悲伤，许多学生正在为学不好知识而烦恼……人世间有太多的许多许多。孩子是父母的希望，当孩子"不成才"的时候，父母会为孩子的"不成才"而叹惜，当孩子"成才"却又"自私"的时候，父母会为孩子的"自私"而悲伤，不重走父母受伤的老路，对孩子"好性格督导特训"是我们最好的选择。

推荐学校先进教学方法

小学：

    1."规矩"教学法。

    2."人格平等"法。

    3."恩威并用"法。

中学：

    1."偶像"教学法。

    2."榜样"教学法。

    3."互学互教"教学法。

中宣部举办的"学习强国"，是传播时代精神的利剑，我们都是"感恩惊醒人"，我们的梦想是让子女和长辈重回那种血与肉紧密相连，互敬互助，普天同庆的欢乐时代，中国感恩文化前景一片光明，任重道远，我们已开始起步，开始步入"感恩文化传播"的长征，这是我们的光荣使命，人人都是追梦人，人人都是感恩人。

"学习强国"我们学些什么？

"学习强国"就是要求我们学好和践行新时代社会主义核心价值观。它分三个层面。国家：富强、民主、文明、和谐。社会：自由、平等、公正、法治。人民：爱国、敬业、诚信、友善。国家、社会、人民相辅相成，一荣俱荣，一损俱损。作为中华人民共和国的公民，我们必须爱国、敬业、诚信、友善。能做好这些的人，必是懂得感恩之人。

所谓"爱国"，就是要爱我们国家的党和人民，爱我们国家的优秀传统文化，他们是国家的载体，他们推动着国家的发展强盛。爱党，就是要爱他们为人民谋幸福的高贵品质，爱人民，就是要爱他们为谋求幸福而不断付出的努力。国家是我们生活的家园，社会是我们生活的环境，人民是我们团结互助的力量，自强不息，勇往直前，永远是党和人民心中的太阳。

"敬业"，学生时代要敬学，工作时代要敬业。只有从内心深处敬重我们的学习，敬重我们的工作，我们才能把知识学好，才能把工作做好。干一行，爱一行，才会让我们废寝忘食而不觉辛苦，才会让我们走向成功亦觉平凡。祖国的大厦，正是我们由于不断践行社会主义核心价值观，才变得那么富丽堂皇。只有敬学敬业，才能让我们的个人价值和社会价值实现完美的融合，走过我们幸福而有意义的人生。诚信、友善之人，必是懂得感恩之人。满心皆是善，满眼皆是恩。感恩是人生幸福的一缕阳光，它放弃了攀比，放弃了自私，放弃了贪婪，放弃了冷漠，放弃了人生的黑暗。拥有感恩的人，就拥有了笑脸，拥有了甜蜜，拥有了激情，拥有了成功。它会让人与人之间拥有美好，它会让社会拥有和谐。寒冷将彻底被温暖取代，寒冬不会再回来。感恩让我们平安的领袖，感恩让我们长大的父母，感恩帮助过我们的人！

　　新中国成立后的一百年、两百年，在人类历史的长河中，只不过是弹指一挥间。在这人人为我，我为人人的时代，广大的党员、干部、科技工作者和广大的劳动人民，继承和发扬了新中国的建设热情，热火朝天，甘愿奉献，不辞辛劳，齐心协力地创造了一个又一个令世界惊叹的奇迹。

我们的价值在祖国

　　我想和祖国的留学生谈一谈心，人才啊，流失了我心痛。

　　我记得清华大学施一公教授，给每一位入学新生上人生价值教育课的时候，是这样说的：当你们来到清华，不是代表你个人，而是代表你那个村、那个县、那个地区的那群人，那个民族，当你学有所成的时候，你不要忘了他们。多好的教育。可是，总有那么一些人，学成之后，忘了落叶归根。

　　家庭中，是有一部分"娶了媳妇忘了娘"的人，但是，这种人多为素质低下的人。我们的留洋才子，受过高等教育，素质上应该没有什么问题了吧，家乡的父老乡亲，祖国的辛勤园丁，天天教呀、盼呀，就是想盼你们终有一天，成为祖国的栋梁之材，可是，不归的你们，却给外国人献殷勤，献笑脸，有这个必要吗？你不知道，你们这样做，刺痛了祖国母亲的心。天下兴亡，匹夫有责。你们是才子，本该挑起比平民百姓更多的重担，但是，你却连平民百姓都不如，难道你真的不知道自己的根在哪儿，自己的人生价值在哪儿吗？才子们，在你们踏出国门的前一天，我希望你们能读一读邓稼先、钱学森的事迹，真正弄明白，我们的人生价值在祖国，绝不是崇洋媚外。人生拥有一张床，一间房，得温饱足矣。当你踏出国门，飞离祖国边境线的时候，请你回头看一看，透过蓝天白云，祖国大地上有多少双渴望你们学成归来的眼睛，在默默地为你祈祷，祈祷你们平安归来，其中有生你养你的父母，有教你们"a、o、e"的老师，你们不要让他们失望好吗？

如果说，在家乡，在祖国，你有什么困难，那也是暂时的，我们的生活环境和工作环境，随着祖国的强大，也会慢慢地改善，以后人们追求的价值已不再是财富，而是精神上的和谐，亿万富翁和千万富翁已经没什么差别，多几个钱，只是多了几位数字而已，已经没有让人们崇拜的价值。才子们，不要聪明反被聪明误，最幸福的地方，永远是自己的祖国，自己的家。

生活排忧解难篇

　　《思想道德》教育课是学生必修课，是政府直接参与的"思政"课，"好性格督导特训营"就是《思想道德》课的延伸和发展。开业大派送，就是把"督导课"的内容送给各位领导和家长审阅，如果你们觉得好，就请转告你们的亲人、朋友来参加我们的"好性格督导特训营"，如果觉得不够好，就请提出宝贵的意见，因为我们有一个共同的目标：一切为了孩子！

　　"好性格"就是官方称的"好品德"，如果把语文、数学、物理、化学、历史比作人的心、肺、肝、肾、脾的话，那"好性格"或称"好品德"就是人的"血液"，"血液决定健康""性格决定命运"，孩子"三岁定终身"，就是要让孩子从小养成"好性格"，"性格"不好，什么功课都学不好。当今政府已开始重视"思政课"的学习，而家长还没有意识到"好性格"的重要性。不管好孩子的"性格"，盲目地去管其他学科的成绩，这叫"本末倒置"，真是累坏了自己，也累坏了孩子，为什么每一个学校那么多学生，成绩好的没几个，就是"好性格"的学生太少，"好性格"的学生从来不会迟到，而性格不好的学生会为经常迟到找出许多借口，这就是区别。"性格"决定命运，好人生从"好性格"开始。

1. 扶正自己的孩子，振兴自己的家

模范家庭：

父亲：邓思德，湖南省郴州市人，中共党员，家庭博
　　　士生导师，东莞市感恩知己文化传播有限公司创
　　　办人，"学习强国"之感恩传承人，成功人生
　　　引导师。

崇尚：感恩知足、拼搏奋斗、自强不息
愿望：孩子个个都是雷锋式的博士生、运动员、特种兵
孩子：邓海梅，广州华南农业大学博士生，中共党员
　　　邓海亮，武汉大学博士生，中共党员

　　邓思德先生为给孩子创造理想的学习环境，小学一至
六年级，家中不买电视，初中阶段不买电脑，因为游戏是
抢占孩子学习时间的天敌。孩子从小实行特种兵、感恩教
育训练，三岁洗脚、五岁洗衣、上学步行、放学扫地、每
次有事回老家都要求孩子去看望爷爷、奶奶、外公、外婆。
孩子从小学到大学都是班里领队，导师助手、自主独立、
积极向上，乐于助人，如今孩子学业有成，邓思德先生想

到了大家的孩子，要是能把大家的孩子都培养好，都能上广州华南农业大学，那该多好，这是邓思德先生的愿望，于是出资成立"好性格督导特训营"，因为，要学好其他各科，首先要具备好的性格，也就是官方称的"好品德"，它是学校"思想品德"课的延伸和发展，它能让孩子们的学习、生活释放积极向上的正能量，它的重要性应排在其他学科之首位，因为"性格决定命运"，如果把语文、数学、物理、化学、历史比作是人的心、肺、肝、肾、脾的话，"好性格"就是人的"血液"。血液决定健康、性格决定命运。

我们的孩子天天学习，我们最终关注的就是他们的"命运"，"好运"必须从"好性格开始"。每一个传统节日，邓思德先生都会要求孩子回家聚会，吃饭前不忘带领孩子对领袖，对祖国宣誓：我是中华人民共和国公民，我热爱祖国，遵守宪法，拥护中国共产党的领导，服从组织安排，团结一致，艰苦奋斗，勇于拼搏担当，做雷锋式的好人。

2. 学生要树立自己的偶像

可以断言，有什么样的偶像，就会有什么样的人生。不管是政治、军事、文化领域还是各行各业的人民，只要有成功欲望的人，都应该有自己的偶像，他们的行为，都受偶像行为的影响，所以说，树立正确的人生偶像观非常重要，它将引领着你走向人生的未来。

偶像文化是社会发展运动中形成的必然产物，它是某个历史特定时期社会主流民意的集中体现，它的形成，可以让整个社会运动达成一种共识。

有进步思想的偶像，是人类社会进步的强大推手，为早日实现中华民族伟大复兴的强国梦，每一个中国人心中树立偶像是必须的、刻不容缓的，特别是在校的青年学生。

注评：偶像是一个人前进的灯塔和目标，要做一个什么样的人，必须从树立什么样的偶像开始。

3. 为什么多读书好

很多孩子都不懂读书有什么好，他们会说：我什么都懂，不用读。很多家长有时会认为："我那孩子读书多过人家，还没有人家赚钱多"。读书少的人赚到钱，那是他赶上了一个好时代、好机会，毕竟是少数，可以说，坑、蒙、拐、骗、盗、毒，百分之九十都发生在这一阶层。很多人认为读书纯粹是为了赚钱，读书读得多，可以谋一份好工作，没错，但读书不完全是为了赚钱，读书多的人可以改变社会！

书是一种工具，是前人记载经验和智慧的地方，我们后人只有学懂前人的经验和智慧后，才有可能在他们的基础上让社会得到更大的进步，这就是踩在巨人的肩膀上，会使自己看得更高、更远的道理。多读书可以提高一个人的素质，可以培养一个人洞察世界的能力，他会把书中的英雄当成自己的偶像，去寻找社会的问题，从而去解决这些问题，让社会不停地进步和发展，而读书少的人就不具备这种眼光和能力。读书多的人，他会用一种审视的眼光来看这个世界，他会发现人民的贫穷、疾病、痛苦、迷茫，进而去帮助人民解决，他们首先想到的是别人，而不是自己。而读书少的人，他们所关心的是自己，是让自己的一日三餐如何更好，他们不是为了别人，而是为了自己在忙个不停，当然，这种说法只是代表一种普遍性，并不是绝对的。

4. 学好中国传统文化，
做好"忍"字传承

"忍"，小到家庭，大到社会、国家，都是造福孩子的一颗发光的宝石。

"退一步海阔天空"，是我们大人给孩子最好的礼物。为了坚持"真理"，很多人都放弃了"忍"。但这个"真理"，每一个人都有不同的理解，每个人都会觉得自己的主张就是"真理"！而别人的主张就是"邪说"，好人是这样想，坏人也是这样想。因为他会把"邪说"包装成"真理"，一个家庭的父和母，如果没有一个人"忍"，就会离婚，离婚的后果就是给孩子造成伤害；一个社会的两个人，如果没有一个人"忍"，就会发生矛盾，发生打斗，触犯法律，直接伤害的还是孩子，"忍"字值千金，多多理解"忍"字的含义，对我们每一个人都会有不同的收获。

5. 论"感恩知足"

　　"性格决定命运"，一个人有好的性格，决定他有一个好的人生。好的性格取决于"感恩知足"，知道感恩的人，决不会拂逆父母，对不沾染恶习的祖训决不会忘记。从整个人生大局来看，懂"感恩知足"的人，一生都会觉得很幸福，就像我们开车一样，有奔驰、宝马，也有面包车、电瓶车，也许很多人会说，有奔驰、宝马我就幸福了，确实有一时的满足，也有一时的幸福，但是，"幸福"是一个什么概念，"幸福"是一个人内心满足的程度感。当你不满足时，如果你拥有奔驰，宝马，你的眼光也会瞄准更高档的轿车，你会因为得不到而失去幸福。假如你用"感恩知足"的心态来感受这个世界的话，开个面包车、电瓶车，你都会感到很幸福，怎么说呢？把自己退回五百年，你会觉得你比当年的皇帝还高贵，当年的皇帝都没坐过面包车、电瓶车，你是不是比当年的皇帝还幸福、还高贵？感恩上天赋予你的一切，珍惜你现在拥有的一切，你将会成为世界上最幸福的人。也许，很多人会问：一个人什么都满足，那这个社会还会有发展吗？没有欲望，就没有动力，没有动力就没有发展。没错，是这个道理，但是，我提倡：欲望应用在事业上，而不应用在生活上，用在生活上将会失

去它应有的积极作用。"众人皆醉我独醒,举世皆浊我独清",
这是人生的最高境界,"百行德为首,百事法为先","德
行"是人生的第一根本,"七十二行,行行出状元","德
行"就是七十二行之王。

6. 一样的"好"，却有不一样的"待遇"

　　我有一位朋友，他到年老的时候，有一件事始终不明白：为什么别人对他好，他总记在心里，总在寻思，哪一天自己走运了，必将涌泉相报。为什么他对别人好，别人总觉得是应该的，不但不感恩，还好像是他欠对方的，像是他有罪过一样。

　　这是什么原因呢？

　　想一想，这其中的原因有两个：第一，你是一个好人，因为你会感恩对你好的人；第二，你遇上了不会感恩的人，遇上了白眼狼，那是因为你不够强大！在白眼狼面前，你不会勇敢地说一声"不"，因为他一直把你看得很低下。还是那句话：强大自己是解决一切问题的方法，自己强大了，才会被别人记住好与恩情，自己太弱小，对别人的好，在别人看来，那不是"施舍"，而是"朝贡"。别人会认为是他保护了你，"孝敬"给他是应该的，对你只有支配，没有感恩。

7. 大学后的"黑暗"

我们可以把离校后的第一年定为人生的"黑暗期"，或者说是"黎明前的黑暗"。懂感恩、懂知足的人是没有黑暗的。

读个小学就离校的人，没什么"黑暗"。读高中后离校的人有一点"黑暗"，读大学后离校的人比较"黑暗"，读"博士"后离校的人最"黑暗"。显然，这些都是好"面子"而不懂"感恩知足"的人，这"黑暗"的感觉来自下面两个方面：

其一是：思想与现实的落差。学历越高的人，"面子"要求越大，因父母在这个时候，已成强弩之末，为供他们读书已经花掉所有积蓄，有的甚至债台高筑，再也拿不出更多的钱来给他们撑"面子"，从而发出"生我为什么不好好养我"的感慨。而自己刚离校，还未找到一个自我满意的工作，对社会尚无创造价值，得不到周围人们的认可，思想和现实的落差，造成了他们的"黑暗"。

其二是：感情上的"失恋"。这个阶段正是"失恋"的高峰期，"校园恋人"走出社会后，由于追求的价值观不同，多数都会各奔东西，温室里的花朵经不住外面的风吹雨打，从此给了他们的"黑暗"。

怎样度过这个"黑暗期"，各人有各人的"绝招"。但我还是要用"感恩知足"来驱散你们"黑暗"的乌云。感恩父母一生的不容易，感恩"恋人"在校园的朝夕相伴，感恩自己终于走上了社会的第一步，探索、自立、直到成功。奋斗拼搏将从此成为你人生道路上的主旋律，当你走向成功的那一天，你会感恩这个社会上所有的人：谢谢曾经帮助过你的人，谢谢曾经打压过你的人，人生因为他们而精彩，你的成功人生，再一次证明了你的能力。记住：懂感恩的人没有黑暗！

8. 孩子"早恋"怎么办?

"早恋"是情商高的孩子的专利,到了青春期,他们很早就会发现异性的美,去欣赏,去陶醉。很多家长认为:孩子早恋是一件坏事,会影响孩子的学业,从而坚持他们反对的态度,百般阻止。其实呀,家长不必慌张,孩子"早恋"只不过是孩子人生的一个插曲而已。"早恋"会给他们快乐,他们之间的互相欣赏,促成了他们努力向上的动力,这本是一件好事,但是,为什么人们都把这时候的恋情称为"早恋"呢?因为来得太"早"了,所以多数会没有结果。随着年龄的增大,他们的理想、价值观也在不断地变化,随着他们以后走向不同的学校,他们的"恋"温会渐渐冷却、消失,因此他们会"失恋",我们家长没有必要反对,我们的工作是引导、提醒他们:"早恋" 就是太早,不会有结果,如果你要享受其快乐的过程,那你也要承受将来某一天"失恋"所带来的痛苦。告诉孩子们,要有思想准备,不要为经营多年的爱情的突然消失而感到绝望,痛不欲生。如果不能自拔的话,那将毁了自己的一生。"早恋"是甜蜜的,但"失恋"是痛苦的,希望"早恋"的孩子能明白这个道理。

9. 青年人"失恋了"，如何是好？

进入青春期，与异性相互吸引，是整个动物界的必然规律，作为思维丰富的人来说，这种吸引、欣赏的心态是极其复杂的，"情为何物"，"情"可以使人生死相许，为了心爱之人，赴汤蹈火，在所不辞。但是，广大的青年朋友们，我必须郑重地告诉你们，你不能为一个"心爱"之人去赴汤蹈火，你不能这么做，如果你这样做，你就变成了世界上最大的傻瓜，因为你的身心不只属于你自己，也不只属于你的"恋人"，你还属于生你养你的父母，还属于与你朝夕相伴的兄弟姐妹，你为一个"心爱"之人去赴汤蹈火，那你就是一个忘恩负义之人，忘了父母养育之恩，忘了兄弟姐妹相处之情，你会给他们带来无尽的痛苦，你将变成一个"十恶不赦"的大罪人。那怎样才能从情感中走出来呢？我以自身的经历，以过来人的身份告诉你：一个人，在不同的成长阶段，会有不同的恋人。人生一辈子，"恋人"绝对不止一个，十七八岁的恋爱是单纯的，什么想法都没有，只要互相喜欢就可以了，但这种初恋不可靠，随着时间的推移，受到社会诸多因素的影响，很容易破裂，让你"失恋"，让你受伤。到了二十七八岁的时候，这种"恋爱"是比较成熟的、可靠的，这时的双方对社会的要求有了清醒的认识，它不再是双方性格上的认同，对社会地位、物质经济都有着成熟的认同，这时的"恋爱"是理智的，不会再像十七八岁一样爱得如痴如醉，爱得死去活来，所以千万不要把初恋时候的失恋，看成是世界末日，做出许多极端的傻事来。失恋了，你可以找些充实的工作做，也可以用一些励志的歌曲来安慰自己的心灵，我有过一次初恋，也有过这次"失恋"，让我教你唱两首歌吧，希望能给"失恋"的你一些帮助。

第一首是：海鸥，海鸥，我们的朋友，你是我们的好朋友，你迎着海浪，舰艇飞翔，在风浪里总和我们一起遨游，看舰艇前飘动的队旗，在向你热情的招手，海鸥，海鸥，我们的朋友，你是我们的好朋友。

第二首是：别问我对你有多少爱，别问我有多么不应该，最需要你的时候无情地离开，怎么能叫我苦苦地再等待，过去的曾过去，何必再提起，曾经我也深深地爱过你，是你辜负我，何必再怨我，啊爱多少恨多少，我已经不在意，我已经是不在意。

也许，你正在为失去恋人而痛苦，也许又有人为失去暗恋的你而悲伤，痛苦是人的磨刀石，经历过痛苦的人才会有更加喜悦的成功人生，朋友，重新振作起来吧，前面还有丰富多彩的世界，还有更值得你去奋斗的人生。

10. 当你被别人欺负的时候, 你会很愤怒吗?

生活中, 每个人都会遇到被别人欺负的时候, 你被人欺负的时候, 你会很愤怒吗? 不愤怒那是傻瓜, 很多人都会这么说, 按我说呀, 咱就当一回傻瓜吧, 不要愤怒, 因为愤怒会让你失去心智, 去报复, 从而很有可能触犯法律, 受到法律制裁会留下终身的后悔, 那么, 要怎么才能解开这个心结呢?

1. 安慰自己。不跟你一般见识, 你真蠢得像头猪。人外有人, 天外有天, 你今天欺负我, 明天会有人欺负你, 你欺负的人多了, 总有一天政府会收拾你, 法律会惩罚你, 让你知道, 欺负别人等于在欺负自己。我们吃小亏, 到时候你还要吃大亏, 这世界还是我赢你, 你多狠一天, 你的末日就早到一天。

2. 强大自己是解决一切问题的方法。把别人欺负自己当成是人生奋斗的助力器, 因为压力越大, 反弹力就越大, 你现在无法解决的问题, 等你强大的那一天, 这问题的解决就显得不费吹灰之力了, 你会感悟到这世界原来这么简单, 努力拼搏吧! 强大自己, 好运在向你招手呢。

11. 工作中"受气了"怎样解脱

"工作"，实际上就是"服务"，不管干哪一行，都有干不好的时候，客户不满意，也就有了"受气"。"权""钱"都是大爷，不过化解这个问题也不是没有办法：一是尽力把事情做好，做到满意为止，满足客户或领导要求，这是做生意和工作的基本原则；二是游戏人生，每一次听到别人的污言秽语，自己就像是一个在戏台上唱戏的角色，嘻嘻哈哈，难得糊涂，戏弄人生，不必太认真、太计较。因为自己努力了就不会再后悔，走下舞台，众人皆醉我独醒，举世皆浊我独清，都是人生过客，何必在意一点点小雨加雪，撑一把雨伞，穿一件棉衣，有什么样的冬天不能度过？"官大一级压死人，钱大一级压伤人"，每个人都有自己的"爷"，每个人也有自己的"孙子"，不必太在意多一点付出，不忘多一份努力。

12. 家庭和谐的"润滑剂"

有"亲情"的家庭才是完美的家庭，那这个"亲情"要怎么样培养呢？首先，做家长的，或是做大哥、大姐的要有这种观念，有这种观念之后要怎么做呢？很简单，你只要组织一下就可以了，每个节假日，邀上弟弟妹妹一起聚一聚，或吃饭、或旅游，你们没有成家的时候，在爸妈的家里是团团圆圆的，你们成家后，也要继续坚持这种团圆的观念，从温馨的小家庭发展到温馨的大家庭，因为家庭好，国家就好。

世界这么大，亲人没几人，珍惜亲人们的友谊，就是珍惜自己的幸福。

13. 如何避免第二次"悲伤"

幸运是相同的，不幸是多样的。人生一世，会遇到各种各样的不幸，有的人坦然面对，平平安安地跨过了一个又一个"不幸"的坎，而有的人无法解脱亲人的"不幸"，徒添了自己的"不幸"。我有一个朋友因患肺癌，不到五十岁就离世了，他老婆因无法从悲痛中解脱，成天哭个不停，到了年老的时候，眼睛几乎到了盲瞎的状态，这就是一个雪上加霜的不幸，因此，我要和大家说："朋友，放下人生中的不幸吧，它是恶魔，它会伤你的神，坏你的心。"

人世间的万事万物，皆有它的因果，这辈子的不幸，也许是对上辈子的一种弥补，人世间一切的一切，上天都已给你注定三分。三分天注定，七分靠打拼，正因为你没有掌握好这"七分"，变成了你的人生由天而定，我那朋友患上了肺癌，就是因为染上了抽烟的恶习，并且都是劣质香烟，虽然说抽烟不会让每一个人患肺癌，但可以增加患癌的风险，所以说，沾上了不良恶习，就等于沾上了你人生的不幸。改一改吧，亲爱的朋友，如果还想多一天体验阳光的温暖，就远离那些烦人的恶习吧。朋友们，如果你的亲人遇上了不幸，你就"顺其自然，节哀顺变"吧，"不幸"的降临，自有天数因果，世界上多一份你的悲哀，也只不过是多了一个小小的浪花而已，微不足道，既然微不足道，那你就放弃吧，因为你的路还很长，你的路还需要靠你自己，不要把"度日如年"强加给自己，就像我脑中风了，很多人都会闷闷不乐，忧心忡忡，导致病情不能很好地康复，而我则不同，我开心啦，从此不用为儿女的事操劳了，我终于放下了，终于享福了。于是，我康复得出奇的好，正所谓"有心栽花花不生，无意插柳柳成荫，你有心为儿女忧，却让儿女为你忧，我无意忧儿女，却为儿女所不忧，"节哀顺变"就是减少悲哀，顺势而为。

14. 论"男婚女嫁"

　　这篇文章是专门献给困惑的女性朋友，为什么整个世界都是女性嫁男方，而倒插门家庭是少之又少？这是当今许多知识女性的困惑，由于她们的叛逆，许多有知识的女性选择了单身。这个问题，需从人类发展史说起：人类社会最初是原始社会，它的社会结构是母系氏族社会，是以女性为主导的社会，女性掌管着家中的一切大小事务，这一现象直到现在仍在继续传承。后来，随着人口的急剧增长，食物短缺，于是，开始出现一个族群到另一个族群领地掠夺食物的行为，这就是人类历史上后来无休无止的战争雏形。由于男性天生身强体壮，在战争、掠夺中起着主导作用，逐步在社会上占据了主导地位。

　　随着掠夺领地的不断扩大，需要一个庞大的管理集团，最后形成了国家。从奴隶社会开始，就出现了奴隶主和奴隶，战败族群的人们当作了奴隶，从此开始出现了严格的等级制度，整个社会出现了弱肉强食的局面。

　　统治者都是男人中的男人，他们开始把天下所有的东西都据为私有，其中包括女人，所以，女性嫁入男方家庭逐步成为一个社会的活动规律，至于嫁妆多少这个问题，是由女方家庭经济条件决定的，贫困的家庭可以把男方送来的彩礼不退回，据为己有，富裕的家庭也可以为女儿添置很多的嫁妆，没有一个固定的模式，随着社会的进步，女性和男性都成了社会的主人，这就是国家提倡"男女平等"的进步。

15. "矛盾"是怎样产生的

　　人世间，本来一切都很美好、人人都很可爱。但是，由于极少数人心术不正，邪念丛生，导致整个社会被搅得浑浊不堪。

　　人心思正，天下无邪，世界将无限美好。矛盾的产生，归根到底就是思想上的差异所形成的，致使国家为平息这些矛盾花费大量的人力、财力。从商人的角度来说，国家这笔钱就是给这些坏人糟蹋的，他们不作恶，人民的生活将会多么美好，那么实现这个愿望，我们要怎样做呢？万变不离其宗，这要求我们每一位父母教育孩子，要崇尚"感恩"，放弃"索取"，学会"勤劳"！教育孩子们要用"感恩"来立身处世，"知足"来阻止邪念的产生，"勤劳"将拥有富足，父母给予我们生命，我们要感恩父母，今天生活美好，我们要感恩共产党，我们的双手是用来劳动的，创造财富的，不是用来抢劫财富的，我们的大脑是用来"感恩"的，不是用来"索取"的，人生之中能吃饱、穿暖就足够了，要想达到质量上的提升，必须付出自己的劳动，以苦为乐。人世间一切都是公平的，夜路走多了，总要遇上"鬼"，坏事做多了，终要遇上"法"！你用邪念得来的享受，终会有双倍的牢狱痛苦还给你，邪不胜正，社会是正义的社会，邪恶只是社会洪流中的一条小水沟，有你没你地球照样转，正所谓善有善报，恶有恶报，不是不报，时间未到，时间一到，马上就报。正像中国的贪官一样，曾经辉煌的贪官，最终惶惶不可终日，昔日有多享受、多风光，今日就有多落魄、多难堪。老鼠过街，人人喊打，报应么。所以，人人行善，人人平安。"感恩" 是"行善"的思想源泉、人人"感恩"，矛盾自消，世界将和谐大同。

16. 坚持正确的攀比方向

这里我们谈一谈"攀比"，我们不应该比到父母那里能拿多少钱撑面子，十个手指有长短，各人的能力也有大小，父母是一样，自己也是一样，虽然每一个人家庭条件不对等，但每一个人所处的位置是对等的，因为大家同处一个"比上不足，比下有余"的位置。世界上最有钱的只有一人，没钱的却有很多人，钱多钱少够用就好，有一碗填饱肚子的饭，有一件保暖的衣，有一张睡觉的床，有一间挡雨的房就足够了。知足常乐，幸福就从这里开始，我们需要的是"思想强大"，思想强大的人才是富有的人，只有懂得"感恩知足"的人，才是最快乐的人。把自己所拥有的一切，都视作是上天给自己的恩惠，是国家、父母给了我们一切，不管你今天取得多大的成绩，如果没有国家的改革开放政策，是不可能的，如果没有父母给予我们生命，一切都将回归为零，没有人的生命，就没有人的一切。金钱可以有、可以无，但思想一定要富有，不能贫穷，因为"人不求人一般大，水不下滩一掌平"，人与人之间只有工作不对等，人格是对等的。知足常乐，人生最大的敌人不是别人，而是自己，不怕别人看不起，最怕自己看不起自己，由自卑而抑郁，苦了自己。

　　"攀比"应比付出，因为付出越大，人生价值也越大，付出越多的人才越受人敬重，和革命烈士比、和雷锋同志比才有意义，革命烈士为人民的幸福付出了生命，雷锋同志为了感恩翻身解放，每天牢记："为人民服务"。正像雷锋同志说的一样："我的生命是有限的，可是为人民服务是无限的，我要把有限的生命投入到无限的为人民服务中去。"这就是雷锋精神，他的精神是富有的，他的人生是快乐的。

17. 听父母的话，不一定是坏事

现阶段，很多年轻人，特别是刚从学校毕业的大学生，他们会对父母说："我们长大了，不用你们管我了。"叛逆性非常强，够大胆、有勇气、敢拼搏，很多年轻人以自己拥有这些性格而自豪，工作干劲冲天，但往往事倍功半，因为叛逆不一定是一件好事，他们认为，他们读过大学，学历高过父母，就不需父母的指导了。

我在前文中提到过做人不要顶撞领导，顶撞父母，但叛逆就顶撞了父母，父母是走过生活道路的过来人，这条路上，哪个地方有条沟，哪个地方有条河，他们非常清楚，到达目的地怎么样走更快捷，在这方面来说，父母比你们要有经验得多。

世界上不管是哪个父母都会把自己一生最有价值的东西无私地奉献给孩子，如果你太叛逆，全盘否定父母的东西，将会给你造成很大的损失，因为你的否定，你将成为自己人生道路的探路人，虽然你有逢山开路，遇水架桥的勇气，但你人生路上的沟沟坎坎，还需要自己的时间成本和经济代价来填平。故此，年轻人要做一个有心人，仔细倾听父母对你的每一次教育，领会父母对自己说的每一句话的道理，将会对你的人生成功起到非常大的作用。

"登高而呼，声非加疾也，而闻者彰；假舆马者，非利足也，而致千里；假舟楫者，非能水也，而绝江河"。学以致用吧，站在巨人的肩膀上会让你看得更高、更远。

18. 父子关系的转型

　　一般来说，孩子在父母的眼中永远是孩子，这是中华民族不同于其他民族的地方，父母照顾孩子似乎永远有一种付之不尽的爱，中国的父母，真有一种"春蚕到死丝方尽，蜡炬成灰泪始干"的情怀。我记得改革开放初，我到外面闯荡世界的时候，三十多岁了，本是照顾孩子的年纪了，但每次回老家后，五六十岁的父母，还有七八十岁的爷爷奶奶，总有一句相同的话："孩子，到外面要吃饱，穿暖和，你不要操心我们，我们在家很好。"虽然我都是照顾孩子的大人了，但一听到他们的温馨叮嘱，就知道父母对自己总有一份无限的牵挂，是啊，这种爱的传承正是中华民族的传统美德。

　　但是，我发现现阶段，有一部分孩子似乎视父母的关怀为理所当然的，有时百分之九十九的事情满意他了，唯有一件不能满意的话，他就会对父母心怀恨意，这不就成了人们常说的"白眼狼"了吗？　所以，今天我要跟这种孩子说道说道，父母与子女有种转型关系，这种关系表现在父母在过了五十岁以后，人生犹如天上的太阳，超过了中午十二点钟后，便会逐渐地日落西山，尽管父母对孩子仍旧有着无穷无尽的牵挂，但他们已经开始无能为力，慢慢地，他们会有一种让子女理解和关心的需求，而恰恰很多子女忽视了父母的这种需求，给父母人生留下不该有的遗憾。所以，我要告诉天下的孩子，父母逐渐老去的时候，正是你们与父母关系转型的时候，你们不应再要求从父母那儿得到什么，而应想着能为父母付出一些什么，在你们享受父母关爱的时候，让父母也能享受到你们对他们的关爱，这就是"感恩"，薪火相传的"感恩"。记住，当你第一次拿到自己劳动所得的工资的时候，一定要想一想：我要为自己的爸爸妈妈买一点什么礼物？这就是人生孝敬的开始，也是父子关系的转型。

19. 正确调整立足社会的立足点

立足点，即每个人人生的起步点。

社会上有两种人，第一种是无家底的，第二种是有点家底的。

当然无家底的孩子，向来不会依靠父母起家，纯粹靠自己单打独斗去拼出一片天地来，这种孩子比较懂得感恩。有点家底的孩子多数不脚踏实地，好高骛远，在没有学好基本技能的情况下，盲目投资，这种投资多以失败告终。多数孩子在第一次失败后，还想靠父母再次援助，东山再起，但多数会遭到父母拒绝，因此，这类孩子大多会闷闷不乐，他们不会找失败的原因，只怪父母不帮助他们，造成家庭气氛紧张不和谐。故此，我奉劝这类孩子，不管父母有几百万、几千万，你都要把自己看作是一个一无所有的人，站在自己的立足点，做一个长远规划。前期学技能，中期逐步寻找客户开始投资，后期谋发展，切不可学校出来就想当老板，一口吃成一个大胖子，否则会把父母多年的积蓄一下赔个精光，切记，切记。

对父母的拒绝不要持埋怨态度，人生的立足点应该是：谁都不靠，靠自己。父母、亲人、朋友，他们能支持多少，都要看成是上天给自己的恩惠，要感恩，不要得不到支持就怀恨在心，"命里有时终须有，命里无时莫强求。"这是古人教给我们的真理，用一颗感恩的心去面对社会所有的人，终会收到回报，每个人都要找好自己的定位，否则一辈子都会不开心。

20. 大学毕业后，是先成家后立业，还是先立业再成家？

　　这个问题困扰着当今社会的每一位大学生。大部分男生都认为：先赚到足够的钱再结婚，也就是先立业再成家。

　　笔者认为，这是一个错误的选择。单身拼搏创业，只不过是文人的一种自我安慰的口号罢了，因为人是群居性动物，如果你单身的话，下了班后会找一帮朋友聚会过日子，去餐厅、酒店、网吧、KTV，经过这些活动，你可能会成为一个地地道道的月光族，人生赚不到第一桶金，何来谈发展？只有结婚后，上面这些活动才能结束，才有可能赚够人生第一桶金，为你的发展创造有利的条件，也许有人会说，还没有经济基础，怎么养活老婆孩子？那我堂堂正正地告诉你：一是老婆不用你养，她自己会养好她自己，二是可以先不生孩子，等有经济基础之后，再生孩子，这是两全其美的办法，希望各位能有正确的选择。

21. 公婆儿媳关系不好怎么办?

媳妇是加入自己家庭的新成员,她带进这个家的思想是新思想,也许会和自己家庭的思想产生严重的分歧,会造成家庭的生活矛盾,这种矛盾分为公媳矛盾,婆媳矛盾,处理不好的话,这个家会永无宁日,儿子将成为夹心饼,两边不是人。

公公是一个家族原有思想的主导者,应该是重振家族,积极向上,努力拼搏的主导,而媳妇有时就有嫁到你家是来享福的,不是来受苦的一种思想,当出现这种矛盾的时候,该怎么处理呢?

首先,公公应从媳妇她儿子身上动脑筋,谁都想自己儿子有出息,对吧,这是中国人千古不变的定律,那么公公的思想是不是可以促成孙子有出息呢,如果有,公公便可与媳妇谈判,国有国法,家有家规,个人意愿必须服从家族意愿,一种沟通加说服的办法,一定让媳妇口服心服,矛盾自然就化解了,为后代好,媳妇能不愿意吗?

那么婆媳又是怎样的矛盾呢?婆媳的矛盾一般是发生在孙子的生活和教育问题的分歧上,当婆婆和媳妇在这个问题上有分歧的话,我还是奉劝当婆婆的不要那么强势,因为与孙子的关系没有媳妇亲,这事的决定权应交给媳妇。

　　婆婆只能提建议，如果媳妇不听，当她以后遇到什么困难无法解决的时候，当婆婆的再开导她也不晚，否则的话，婆媳将会成为一对吵吵闹闹的冤家对头。

22."海纳百川"是做人的基本

"包容"是中国优秀的传统文化，有容乃大。河流的水，水沟的水，有清澈的，也有混浊的，有湍急的，也有咆哮的，为什么到了大海里，就都很老实，都很平静了呢？这当中蕴藏着一个巨大的道理，即大海处的位置低，不与河流、山沟争高位，做人也是一样，处事要低调，心胸要宽广，善心要满满，心正行圆，是非分明，恩威并重。

具备了这些性格的人，必能有一大批性格不全的人围在你身边，助你发展助你成功，因为你会利用他们各自的长处，来做出你事情的完美，你便成了一个完美的人，成功的人。

23."修身养性"的两个宝贝

有两个宝贝就是老人和残疾孩子。

性格决定命运，有好的性格就会有好的人生，能善待老人和残疾孩子的人，必是一个善良的人，必是一个性格完好的人，老人和残疾孩子都不会完全按照自己的意愿行事，你要照顾好他们，你必须把自己的性格磨到最高的境界，反过来，有最高境界性格的你，无论走到哪里，生活中、工作中所遇到的困难将不再是你眼中的困难，能照顾好老人和残疾孩子的人，将会成为一个人生道路上永无障碍的人，将会成为一个事业成功的人。

24. 平衡自己得失的心态

　　告诉各位一个很不乐观的事，你们自己的劳动所得，不全都是你的个人所得，虽然劳动很辛苦，但所得分为三部分：一是自己所得，二是国家税收所得，三是社会所得。个人和国家税收所得也许你还能理解，那社会所得又是什么呢？说白了，社会所得就是你通过辛苦劳动之后，那一部分收不到的钱。社会所得包括哪些费用呢？它包括：自己愿意拿出的慈善捐款，和自己不愿意拿出的收不到的款项，这两种款项都是第三方需要的款项，慈善捐款是第三方病痛或贫困让人产生一种怜爱心情的捐助，是心甘情愿的，收不到的款项通称"欠款"，是由于第三方某些不良行为而产生的，如赌博等，或是家庭确实出现一些变故，导致无法偿还，或是一些恶人（俗称老赖）持着"以强欺弱"的思想，故意拖欠不给的。对于这种款项，如果自己没有法律凭据的话，这种款项可能是收不到的，但法律还有一个空白，就是老赖想不给你这笔钱的时候，他是早早就有预谋的，怎么逃脱法律的追责，比如说用假名字给你写个欠条，推说身份证掉了，或者直接跟你说欠条不用写，有钱会给你，推的时候长了，这事就不了了之了，钱数量不多的话，有时还考虑走法律途径的成本。

　　对于不愿写欠条这事，法律还没有一个明确的责任界定，派出所会说，收钱不是他们的事，法院会说，没有欠条这官司怎么打？总的来说，收不到的钱就算捐款了吧。

　　国家的发展和法律的完善需要一个过程，国家花费巨额款项构建警察机构，就是针对这种违法犯罪之人。水至清则无鱼，社会没有这些人渣，也许就不能称其为社会了，也许，你收不到的这些钱，成了国家诱出社会人渣的诱饵，也许，你不知不觉中成了一个有功于社会进步之人。

25. 在家不要顶撞父母，
在外不要顶撞领导

因为父母和领导都是你的上级，也都是你的财神爷，他们有见识，有经验，有权威，也许有时候，你会认为他们说的某一句话，做的某一件事不对，你会很反感 ，但我必须提醒你，也许对这句话，对这一件事，你们所站的角度不一样，你们的理解也会不一样，也许你是站在局部位置来思考，而他们是站在全局位置来思考。当然，无能的父母也许全都会听你的，但再怎么无能他们都有你值得学习的经验和智慧，只是你有没有用心去发现它而已。

26. 人生五步曲

第一步，确立偶像，努力学习。

树立理想、目标。有了理想、目标就会有动力，一个人有什么样的偶像，决定他有什么样的人生。

第二步，懂得"诚信"，拥有"善心"。

"诚信"即诚实和信用，"善心"之人即有"吃亏是福"的思想，做一个让人信得过的人，有"善心"之人，他的心是敞亮的，他的天空是纯净的，这种人把所有人都当成了朋友，所以，别人也都把他当朋友。把"吃亏"的那点小费用当作好人的广告费，这个费用值。

第三步，学会花钱。

因为你还没赚钱的时候，就已经在花父母的钱了，钱该怎样花？ 这是一个大学问，钱必须花在目标上，好钢用在刀刃上，目标外尽量少花、不花。花钱有三种类型：

第一种：老板型。这种人不会乱花钱，他会把赚到的钱凑合起来，当作发展的第一桶金，有了这桶金，他将投资以钱生钱的生意，于是，他就成了老板。

第二种人：打工型。这种人赚到钱后，都会去买些无多少增值利润的东西，并且花钱范围很广，所以这种人心中永远没有"第一桶金"。

第三种人：无能型。这种人做一天和尚撞一天钟，这个月还没到底就开始花下个月的钱了，他们是名副其实的"月光族"，每月花光，何谈发展。所以说，决定怎样花钱，将决定他拥有什么样的人生。

第四步，学会赚钱。

具备了"诚实""善心"后，你才能谈赚钱。动脑、勤劳、自信、天道酬勤，充分利用人的两个宝：双手和大脑。穷则思变，想别人想不到的，做别人做不到的，敢为人先，用钱生钱，这就是改革开放的内涵所在，国是这样，家也是这样。

第五步，小心防骗。

害人之心不可有，防人之心不可无。警惕"讨好"你的人，"善心"之人最大的缺点就是容易受骗，要分清"友好"和"献媚"。"友好"是互不损害利益的交往，"献媚"是委屈自己，讨好他人，有目的的，是用心计的，你要了他的"息"，他就会要你的"本"。

这种人有一个简单的把戏，就是频繁不断地给你送小礼物让你觉得他是个好人，等你完全信任他之后，就向你"借一大笔钱"，信誓旦旦过多久就会还给你，结果等拿到你的钱之后，或远走高飞，或找几百种借口说无力偿还，或说些"欠得了免不了"之类安慰你的鬼话，最后不了了之，如此，会让你本已成功的人生，最后像雾像花一样，烟消云散，不被骗成了好汉，一骗让你回到解放前，你说遗憾不遗憾。

　　注评：怎样走过自己的一生相当重要，扣好人生的第一粒"扣子"，步步走好非常重要，一步错，步步错，一盘不慎，满盘皆输。记住，"学会赚钱"已经排到第四步，"修身养性"是第一步。

27. 家庭"和谐"准则

1. 好儿女知道爱爸、爱妈、爱弟妹，好媳妇知道爱老公家中的一切。

2. 儿女棒，她会把家来打扮，媳妇好，她会把家来打扫。

3. 人不求人一般大，水不下波一掌平。自己非皇子，别人非下人。

4. 弟妹见面笑哈哈，家人多热情。

5. 毛泽东说，得穷人者得天下，能带好家族的人才算有本事的人。

6. 飞得再高的风筝离不开线根，走得再远的人离不开乡情。

7. 人生的价值在家、在族、在乡、在天下，付出越多，价值越大。注评："友谊"是家庭"和谐"的法宝，追求人生价值，就是追求"付出"。

28. 治家宗旨

1. 生活要有家庭中的温暖，身心都要暖。教育要有军队上的严肃，家长既是父母，也是教官，三岁洗脚，五岁洗衣，自食其力要尽早。

2. 遵纪守法，明辨是非。法律上倡导的就是好的，法律上禁止的就是坏的，孩子学好要用心培养，孩子学坏要立刻翻脸，是立刻翻脸。

3. 艰苦朴素、勤劳节俭，避免懒惰浪费。工作再忙，也不要忘记督查子女生活不良行为，"穷不过三代，富不过三代"，就是子女学好和学坏的区别，"好性格督导特训营"就是不错的选择。

4. 靠别人施舍的人是无能的人，喜欢乐善好施的才是社会的主人。注评：培养孩子既要能成才，也要会感恩。

29. 如何学习

　　为使大家顺利走进高等学府继续深造，我们送你一套提高学习效率的方法。

　　学生时代，重要的是学习基础知识，基础知识都是教育界前辈们千挑万选出来最基础、最精华的知识，大家一定要认真对待，只有认真对待，你才能够认真学习。一谈到学习，有一个最值得大家关注的问题，就是：怎样提高学习效率？

　　学习知识，就像自己在太空中飞翔，在海洋中遨游，只有当你飞进去了，游进去了，才可以说你学习入了圈、入了行，就像气功大师练气功一样，心到即意到，意到即气到，不要掺杂外界的一丝杂念，达到这种境界，才可以说你是一个读书人，否则，你就是一个玩书人。

　　我们认为，只要大家认真对待，认真领会下面几点学习方法，成绩应该是可以提上去的，我再重申一次，是认真对待、领会，一丝不苟地对待。

1. 确立偶像，藐视困难

你树立你的人生偶像了吗？偶像是谁？

有什么样的偶像，就会有什么样的人生。偶像是力量的源泉，偶像的人生是成功的，奋斗历程是曲折的、坚强的、勇敢的、百折不挠的。当自己在学习中遇到什么困难的时候，想一想偶像在成长过程中遇到的困难，自己的困难将不再是困难。

2. 树立目标，少走弯路

只有树立崇高的目标，才会拥有强大的动力。我的目标就是：我要成为班里最好的学生，否则，我将感到非常惭愧，愧对老师、愧对父母。学习，不能满足于现状，不要故步自封，不要想当然，无所谓，随大流。人是很有潜力的，比如说码头上的搬运工人，天天都在搬货物，两只手一边夹一包水泥都能健步如飞，轻松自如，大家都知道，一包水泥有一百斤重，一般人想移动一下都很困难，所以说，人都是被逼出来的，你要用自己的偶像来逼自己勤奋、勤奋、再勤奋！努力、努力、再努力！

3. 确立自信，勇往直前

我是谁？我是"学霸"，"学霸"只有一个，也是唯一的一个，我和别人不一样，就是不一样。我的毅力要高人一等，正如毛泽东同志《沁园春·雪》中写的一样："惜秦皇汉武，略输文采，唐宗宋祖，稍逊风骚，一代天骄，成吉思汗，只识弯弓射大雕，俱往矣，数风流人物，还看今朝，"多么自信，多有气魄，真乃气吞山河！

4. 学习时精神要集中专一，不可浮躁

所谓专一，就是要静下心来，专心听老师讲课，就要像气功大师练气功一样，心平气和，心到即意到，意到即气到，除了学习，其他什么都别想。哪位男生帅啦 ，哪位女生靓啦，哪位大方啦 ，哪位小气啦，通通都别想，都别论，真的，静下心来学习，比什么都重要。

5. 认真听讲，学而不倦

上课时，思想要集中，脑海中飘过的，全都是老师的教诲，每一个声音，每一个动作。你要有一种强烈的渴望，就是要把老师讲的，全都记下来，要把自己的大脑变成储存知识的电脑，这样学习，大脑始终都保持着兴奋，是不会疲倦的，只有认真了，你才有意想不到的收获。

6. 温故知新，过目不忘（课程回忆）

每天放学后，找一个安静的地方，把老师讲课时的每一个声音，每一个动作、手势像放电影一样，再在脑海中过一遍，这样就能达到过目不忘的效果，真的，这个过程非常奏效，否则，你的学习就像过闹市区一样，热闹过去了，什么都忘了。

7. 知易知难，对症下药（找做错的题目）

脑海中放电影，哪些地方不懂，能找出来吗？找得到

难点，说明你的学习入了行，所以，找到难点非常重要。

8. 多问多解，温故知新（准备改错题本）

找到了难点，就问老师、问同学，多商量、多研究，直到弄懂整个过程为止，只有这样，才能把所学知识融入大脑，让自己成为知识的主人。学课本知识，要像学交通法规一样，每一条法规后面，都有一段血的故事，弄清楚了，你就记牢了。

9. 成就自我，放松自我

会了、懂了，就要学会释放压力，放松心情，自己要有一种成就感、优越感，你要高兴，你要兴奋，你要大声呼喊：我终于知道啦！接着大声唱一首你最喜欢唱的歌。记住，是最大声哦。

10. 请一定记住：远离游戏，学习的时间都不够用，还有时间玩游戏吗？

玩游戏是抢占学习时间的天敌！从小学一年级开始就要禁止！

一张一弛，文武之道，这是一个完美的学习循环过程，也是你完美人生的开始。学生要具备的性格是：心静。

学习要有思路，思路就是思想的道路，老师讲课也要有思路，下节课要讲什么内容，不妨告诉一下学生，让学生预习时能跟着老师的思路走，这样在上课时，学生不再

是盲目地学习，而是有目标地学习，这样可以事半功倍，
学生可要认真对待老师的预习内容哦，否则，你可能会跟
不上其他同学。

　　注评：读完本篇文章后再返回，每读一小段，静思半
小时，领会内涵。

30. 不要把自己看得很重要

　　有一种人，只要到了公共场所，他就会用一种俯视的眼光去审视周围的人，并希望大家都能关注他。其实，这种心态没有什么必要，因为你只关注别人对你的尊重，却没有关注自己对别人的付出。

　　这种人有一个优点，就是很自信，这种自信促使他工作起来干劲冲天，但是，当这种自信过了头的话，便成了自傲，这种性格会伤到自己，因为目中无人，而得不到领导的帮助，因为唯我独尊，导致身边朋友的远离。自信是好事，但低调仍是做人的根本，其实每一个人在地球上都微不足道，离开了谁，地球照样转，这个王朝灭亡了，下一个王朝又诞生了，只要用一颗平常的心善待自己就好。

31. 给孩子一次钻心的"痛"

　　这篇文章是献给家中有啃老族孩子的父母。孩子长大后，一定要要求他自食其力，绝对不准窝在家里吃了玩、玩了吃，家中有这种孩子的话，父母一定要狠下心来，赶孩子到外面去独立生活，一定要对他们翻脸无情；心软的话，不是爱孩子，而是害了孩子，"打是亲，骂是爱"就是这一时期教育孩子的标语。孩子从小到大，依靠父母的庇护，已经成了一种习惯，如果这时候不刹一下车，孩子们会永远躲在家中的安乐窝里不出去，孩子永远长不大，无法独立。

　　为什么"穷人的孩子早当家"，就是因为家里穷，吃不饱，穿不暖，他们才会"穷则思变"，自己去闯出一片天地来。我有一个朋友，因自己赚到一些钱，始终把孩子惯着养，孩子在外面工作遇到一点点困难，又辞工不干回家来，父母依旧不闻不问，顺其自然，不严加管束。等孩子结婚后，孩子始终没有一个固定的工作，东一天西一天地，结果媳妇、孩子都是他们养，虽然眼前过得去，但是，一旦自己老了，生病了，这个家该怎么办？我真的在为他忧心。

　　养儿教儿，要遵循自然界的发展规律，母鸡把小鸡带大后，都要赶小鸡走，不走就叨，让小鸡痛到心里去，小鸡才会离开去独立觅食，不再依赖母鸡。

心慈的父母啊，狠下心来，让孩子们痛一次吧。

32. 衡水中学教学的介绍
我们来看一看衡水中学吧

　　河北省 2019 高考成绩出炉，衡水中学令人惊呆了，在初步统计中，理科 700 分以上的考生全省一共 27 人，衡中就占 23 人，占据比例达到 85%，703 分以上 18 人，衡中就有 16 人，比例上升到 89%，文科 678 分以上 13 人，衡中 8 人，占比例 62%，这里有一批极其敬业的老师，并且深爱着他们的学生，他们用自己的勤劳和智慧让这里的孩子变得更加出色！

一、老师的温馨

　　先一起来看看衡水中学老师们留给刚刚考入衡水中学的同学们的一封信，正文如下：

　　首先，祝贺你们以优异成绩加入衡水中学这个优秀团队，踏上人生的新征程。

　　升入高中，意味着你们将逐渐长大和成熟，将独立面对更广阔的社会人生。乐青衿皆怀壮志，嘉才者咸集衡中。这里是高端的平台，任你徜徉；这里是广阔的舞台，精彩纷呈。亲爱的同学们，你准备好了吗？

机遇总是留给有准备的人。这个假期很幸福，因为你们突然成了"富翁"，拥有一大把时间可以自主支配，那你们是沉浸在成功的喜悦中贻误时机，还是放飞心灵，向新的目标发起更猛烈的冲击？福特说："大部分人都是在别人荒废的时间里崭露头角的。"如何充分利用开学前的这段时间，如何做好由初中到高中的过渡呢！

同学们，在通往成功的路上，你永远不会独行，因为老师会陪在你身边。

感觉怎样？是不是沁人心脾？

二、老师的智慧

再来感受一下他们的智慧吧！这是各科老师给高一新生的建议，各学科老师给大家的温馨提示：

语文老师的温馨提示

1. 听：听听新闻，尽可能多地积累新闻标题；听听《百家讲坛》，文史不分家，尽可能多地积累哲思名句。提高自己的表达能力，丰富自己的人生阅历。

2. 说：每天跟家长做好沟通交流，把每天听到的、看到的、感受到的用语言流畅、生动、自然地表达出来。

3. 读：读书充电。推荐书目：《读者》《青年文摘》《杂文》、余秋雨的《千年一叹》、易中天的《中国智慧》等，摘抄、打印或粘贴好的语句文段，整理成精美丰富的素材本，以备开学作文使用。

4. 写：每天坚持写一篇钢笔字，一笔一画，认真练习，力求整齐、干净、美观、漂亮、大气，整理成习字本，高考胜算之先决条件。

5. 背：背诵初中所有要求背诵的基本篇目（高考必备篇 64 篇中，初中占 50 篇）和高中的必修——第一单元《沁园春·长沙》《雨巷》《再别康桥》。

6. 练：一定提前把 2012 年宁夏、海南的语文高考卷和 2013 年语文新课标全国试卷题练一练。初、高中训练题不一样，请同学们提前了解训练题型。

7. 必备书：《古代汉语词典》（商务印书馆）、《现代汉语词典》（商务印书馆第七版）、《成语大词典》《语文知识手册》（高中最新版）、司马彦临摹字帖一本（以古诗词为主）。

数学老师的温馨提示

1. 独立思考初中阶段感兴趣的数学难题，回顾初中老师扩展的数学知识，在没有任何压力的情况下享受攻艰克难的乐趣，感受数学的魅力。

2. 强化运算能力，高中数学在运算速度、准确度、精细度方面的要求，都要远远高于初中，也是高考重点考察的一种能力，要通过强化训练提升运算能力。

3. 高中学习时的常用知识，如分解因式、二次函数、一元二次方程、平面几何等，力求在数学知识、方法、思想方面恰当进行初中和高中的衔接（都可以在书上或网上找到），同学们要自主学习和思考，做一做相关练习题，打好基础，可以让你赢在高中的起点。

4. 关注数学思想方面的进一步学习，数学思想方法是数学的灵魂，比如：类比法 —— 引导我们探求新知；归纳猜想 —— 我们创新的基石；分类讨论 —— 化难为易的突破口；等价转化 —— 解决问题的桥梁。如果在这方面做得好的话，那么从一开始你就走在了前面。如果你比其他同学适应得快，那么无疑你的进步会比别人快，从而形成一个增长的良性循环。

5. 认真阅读，高一数学课本（人教版必修 1 第一章）。从整体上把握教材内容，仔细揣摩教材字里行间所蕴含的玄机，完成课后练习，争取带着疑问入校，激发入校后的求知欲，尽快让数学成为你的知心朋友。初高中学习方式最大的区别在于自主学习的能力，提前适应自主学习能够更快地适应衡中的学习生活。

6. 拓宽知识面，培养对数学的兴趣。在此，提醒对数学尤其对数学竞赛感兴趣的同学，充分利用开学前这段时间，多研究一些有关竞赛的相关书籍，多积累一些竞赛的基础知识，为高中数学竞赛学习打下良好的基础。

英语老师的温馨提示

（一）建议

假期是一个自我提高的大好机会，要养成几个学习语言的好习惯。

1. 积极阅读的习惯。内容可以是教材、《中学生英语周报》《21 世纪中学生英语报》《英语简易读物》《新概念英语》等，同时做好读书笔记。

2. 自我检测的习惯。可以提前翻阅一些简单的高中练习题，对高中试题题型有所了解，做好初高中知识的衔接与过渡。

3. 专题总结的习惯。对初中知识以专题的形式总结复习，温故而知新。确保初中 2182 个单词的熟练程度。

4. 早起朗读的习惯。出声并大声地朗读，自我欣赏，自我陶醉。

5. 听英语广播和英文歌曲的习惯。

6. 随时用英语的习惯和用英语思考的习惯，如：坚持写英语日记、用英语与朋友交谈等。

（二）任务

1. 赏析几部英文电影：《百万英镑》《窈窕淑女》《风语者》《壮志凌云》《阿甘正传》《茜茜公主》《飘》《简·爱》等，观看时多学习电影中的英文表达，少看汉语字幕。

2. 读两本英语书。

3. 背诵新概念英语第二册至少 20 篇文章。

4. 每天练一篇英语书法，一手漂亮的书法是高考作文的门面。

5. 学唱两首英文歌曲或讲两个英语笑话，以便在开学后的英语活动中一展风采。

6. 学会用英语介绍自己喜欢的两所大学。

7. 多练口语听力，以便尽快适应高中授课模式。

（三）特别提醒

将要学的高中教材是和初中人教版（Go for it！）相衔接的，请同学们假期熟练复习掌握相应的 2000 个词汇。语音语法基础不太扎实的注意查漏补缺。

请准备牛津第 7 版或朗文第 4 版英语词典，并使用词典练习查阅以下词汇：cut、come、get、go、look、make、put、take、turn。

相信优秀的你经过一个假期的努力学习，会变得更加优秀！同学们，加油！

物理老师的温馨提示

1. 借高中物理（必修一）课本自主学习，并完成课后练习题。通过学习，对课本上的概念有一个初步认识，对课本上的一些小实验，自己能动手做的可以试着做一下，从中你会感觉到物理的奥妙。

高一第一学期主要完成前四章（必修一）的学习，这是物理入门的一个关键时期。高中物理学习的内容在深度和广度上和初中有很大不同，物理观察分析比较复杂，物理模型建立不太容易，要从多方面、多层次来研究问题，如受力分析等，所以务必做好预习工作。

2. 按照课本和自己保留的初三复习资料，认真地把电路问题再重点复习一遍，特别指出的是电路问题中的串、并联电路的特点和电路的简化问题，电功、电功率等，必须把初三做过的此部分习题弄通弄精。因为这一部分内容高中不再重新讲，但经常用到，是高考必考的内容。

3. 把初中课本上的力学问题重点复习一下，力学是整个高中物理的重点内容，如果力学学得好，则为整个高中物理打下良好基础。

4. 要借一本高中必修四数学课本，自主学习三角函数的相关知识，这部分知识在初中没有学，但是高中物理中第三章就要用到，它是学好高中物理的必备知识。

5. 通过读书或上网查询，如生活与物理、物理学史等，你会发现物理和我们的生活竟是如此密切，物理世界是如此奥妙无穷，变化莫测，博大精深，精彩纷呈！

化学老师的温馨提示

有人说化学背背就行了，这样的认识是错误的，化学也是理科，有需要你理解的概念和理论，而概念和理念是学习具体物质的理论支撑，所以你要学会用你聪明的大脑去思考、理解化学。为了更好地适应高中化学的学习，为自己赢得高中学习的高起点，我们给你们一些建议：

（一）初中知识的回顾总结

凡是初中课本上有的，不论中考考不考，高中一律不再作为新课讲授，而在高考中是可以考的，所以要牢固掌握初中的重要知识点，为学好高中化学做好铺垫。

具体建议：

1. 上网搜索 5 套中考题，认真完成，总结初中所学的重点知识。

2. 查资料，掌握 H_2、O_2（三种方法），CO_2 的实验室制法及其化学性质。

3. 熟识前 20 号元素的符号及原子结构示意图。

4. 熟练书写初中课本化学上、下册所有的化学方程式。

5. 熟记常见元素及其原子团的化合价，并能根据化合价书写化学式。

（二）预习高中第一册化学课本

提前对高中知识有一个大致的了解，明确高中知识的提升点，充满信心地迎接高中的学习。具体建议：

1. 阅读课本，结合课本知识提出问题，能找到问题的预习才是有价值的。

2. 完成课后练习，检验预习效果。

3. 结合预习中的问题和作业中的错题，查阅资料解决它们，学会学习是高中生的必备素质之一啊！

4. 化学实验充满了乐趣，时而还会给你意想不到的帮助，多动手完成一些家里能做的实验吧！

生物老师的温馨提示

生物是高考必考的科目之一，是与生活联系最为紧密的学科。在这里，我们将和大家走进五彩缤纷的生物世界，引领大家走进细胞微观世界，了解前沿生物技术的最新进展等。在这里，我们将会领略奥妙无穷的生命机理，了解"杂交水稻"，"克隆羊多利"，"神奇的太空蔬菜"，"人类的基因组计划"，"超级小鼠"等生物学领域的优秀成果。同学们，良好的开端是成功的一半，如果你要在开局之时占据有利位置，就请接受我们全体高一生物学老师的建议：

1. 熟悉一下初中课本的所有相关知识，以利于与高中知识衔接：①细胞的结构；②显微镜的使用；③光合作用；④细胞呼吸。

2. 向上一届学生借阅生物必修第一册课本，简单地进行预习浏览，尤其对第一章第二节化合物中的蛋白质这一知识点进行认真预习。

3. 向衡中的学姐学哥们探讨学好生物的经验，好的方法。

4. 上网查阅生物科技新进展。

政治老师的温馨提示

1. 金属货币、纸币、金银纪念钞、纪念币、纸币、电子货币、腾讯 Q 币，必须分清。

2. 价格有时高于价值，有时低于价值，消费者时而多买，时而少买，原因必须明白。

3. 市场、国家、企业、消费者、劳动者、投资者，分清角色，弄清自己到底如何做。

4. 存款、贷款、活期、定期、结算、网银、股票、债券、保险，你应亲自试一下。

5. 经济制度、经济体制、经济目标、经济全球化，引进来，走出去，还要看看汇率，更多精彩等你来，衡中的政治教师将你打造成一名准总理或总经理！

在这里给大家提几点建议与要求：

1. 借阅高中政治必修一教材，了解高中政治与初中政治的不同点。不同于简单的机械记忆，更注重理解基础上的运用，不同于单一的内容形式，更注重多领域的涉猎，全方位的发展。

2. 学会从电视、互联网中获取有效信息，丰富自己的视野和头脑，把上边的内容弄明白。建议每天观看新闻联播等相关新闻栏目，查阅上半年的重要经济、政治、文化事件，写出自己的体会。

3. 积极参与社会实践。生活中很多的经济、政治现象与我们学习的知识相关，你可以调查市场上不同商品价格的变动及其影响，了解不同群体的消费行为，也可以调查了解自己所在的社区居委会或村委会的一些活动、事件等。

4. 你在生活中肯定会遇到一些相关的经济、政治等现象或问题,要积极思考,可以带着疑惑而来,我们一起解决!

历史老师的温馨提示

1. 务必阅览一遍初中历史课本,要具备基本的历史常识,为高中阶段历史的学习打下坚实的基础。

2. 熟练掌握中国古代王朝更替,形成比较明确的时空定位。

3. 浏览阅读一些史学界研究热点、考古新发现、历史古迹图片、中外历史趣闻等,增强对历史的了解,提高历史学习兴趣。

4. 上网搜索和学习高中历史学习特点与方法,以便开学后尽快完成由初中到高中学习的过渡。

5. 与在校的文科学生进行沟通和交流,提前了解高中历史的学习状况和学习经验,做好准备。

6. 借阅今年刚毕业学生的必修一(政治史板块)教材(注意是人民版教材),大体了解一下高中与初中教材结构的不同,体验专题学习的优点与弊端,简单熟悉一下教材中我们初中未接触过的章节(比如专题一的内容),为开学后的学习做好思想和知识上的双重准备!

地理老师的温馨提示

地呈千古文明，理蕴万世精华。大到世界，小到生活。爱地理，爱生活！在我们生活中很多事情都跟地理息息相关，在你进入衡中之前应做好以下方面：

1. 做好计划把初中地理四本书复习一遍，梳理知识框架、因为初中地理是高考内容的重要组成部分，也是学好高中地理的基础。

2. 买一个小地球仪，注意观察世界重要国家所在位置，以及重要经纬线。

3. 每天注意收看中央电视台的天气预报。了解天气符号（如：晴天、阴天、多云、小雨、大雨、暴雨、雷雨、风向以及风力大小等），并特别注意重要天气系统的发展化（如台风）。

4. 记录暑假旅游走过的地方，了解祖国的名山大川，风土民情等。

5. 画中国政区图并在图中标注省会、简称以及重要的事物如：山脉，河流、城市等。

6. 留心观察身边的自然现象，如：一天中不同时刻日影的朝向，长短变化，一月内月相的形状，月面的朝向，不同日期昼夜长短变化等，并对以上观察做好记录。

7. 可以做一次调查，了解你所在家乡的自然特征，如：地形、气候、河流、湖泊、生物、土壤以及在城市建设、生态环境、居民生活等方面的变化。

三、老师的敬业

老师们吃住几乎都在学校，晚上十点我们休息后、老师还要查房，早上我们起床前，老师们就要在操场上等候，年轻的老师还要跟操，就是我们刚才看到的那一种跑操。老师们跟我们一样，没有假期，一位老师忙得孩子 3 岁了，不知道自己的爸爸是谁。有一位老师，白天上课，晚上在病危的父亲的病房旁批改作业，许多年轻的老师都是在自己婚礼时才请假。

我们的校长在全体教职工面前落泪，在招生计划外还有好多人要挤着进衡中，个个家里有权、有钱、有势，为了保证优秀的生源，校长要顶着多大的压力啊！

四、学生篇

来看一看一位衡水中学的女生保存了从高一到高三所做过的卷子，摞起来有 2.4 米高，她最终考入了香港大学。

"不能退步，不能生病，不能顶撞，不能心情不好，不能慢，不能笑，不能和同学说太多话，不能走神，不能咬笔，不能总跑厕所，不能啊都不能……"

衡水中学模式，赌上了老师们的心血，更赌上了学生们的青春，先不要去讨论应试教育，你需要关注的是能否成为一个拼命的自己！

我只知道再没有哪个地方会让我有这么多的爱与恨、牢骚与誓言、激情与失落。最重要的是，她让我有了一段单纯的少年时光，充满可笑的理想与无畏。那个曾经恨得咬牙切齿一天他骂八遍却不许别人说一句不是的地方，那个刚来时巴不得早点走等到真正要走时又想多留一会的地方，她偷偷地留下了我独一无二的青春。如果再给我一次选择的机会，我不会选择衡中，因为第一遍的感觉无可替代！

当我们在衡中时，是身在苦中不知苦，却没想到，当我们离开之后，对于那些难以磨灭的曾经，却抱着身在福中不知福的感慨。

我不知道别人怎样看待他的高中生活，但是，我敢说，衡中人都问心无愧，并把这当作一生的财富。每当网上有一些关于衡中的东西，大家都转载！每一个假期，大家都组织聚会，每个城市都有那么一群孩子，他们常常联系，相互帮助，为什么？大家对衡中这个词这么敏感，为什么？为什么都在感慨大学生活的颓废？因为，因为我们是衡中人。直到离开她，我们才明白，衡中留给我们的到底是什么。

五、校长篇

大海航行靠舵手，衡中的舵手 —— 张文茂校长，他的个人经历和工作作风，影响了整个衡中上到老师、家长下到每一位学生。下面是张校长经典的 21 句教育名言，与大家共享！

1. 人们总是说中国的学生比国外的苦，但苦学有什么不好？苦是一种快乐的苦，不是一种精神上的苦，而且是相对的，学生们发自内心有一种强烈的求知欲望，外人看上去很苦，但也许同学并没有感到有多苦。我在衡中干了三十多年，没有节假日，每天晚上 10 点半以前没有回去过，早起我五点半就起床了，你觉得我苦，但我没感觉。

2. 有人说这种中国式苦学，禁锢了创造力，但是没有扎实的基础知识，就说不上创造力，连基础的力学、电路都不会，怎么可能让卫星上天？

3. 从早上起床到吃早餐、午饭、午休、晚自习，都有明确要求，学生得严格遵守，做不到，肯定要批评，而且非常严肃地批评。再比如交作业，我们要求作业一下课必须全部交上，做不完你也得交。

4. 学生在校学习"苦"是一定的，所谓"十年寒窗苦读"就是要刻苦地去学习。但如何去看待这个"苦"，是非常重要的，"苦"指的是努力、刻苦、发奋地学习，而不是身心痛苦，并且要懂得苦中有乐。如果学习让一个人感到非常痛苦和疲惫，那说明这个学生一定会走下坡路。

5. 我们需要摆脱物质的奴役，在安静思考、默默守望、执着追求的过程中，感受到宁静的巨大力量。

6. 功夫在课外，成绩在课上，最重要的是看学生在课外的功夫，如何将学习内容转变成学习成果。

7. 世界因道德而美丽，要把修身立德放在第一位，把个人梦想汇入时代洪流，让蓬勃青春与家国情怀共振。

8. 生命因知识而厚重，同学们要惜时如金、勤奋苦读、勤于反思、善于积累、夯实基础。

9. 人生因拼搏而精彩。同学们要百折不挠、永不止息、以梦为马、激情奋斗、创造辉煌。

10. 我们高三学生放的假，比一般中学都长。自习课上，我们的老师是绝对不能登台讲课的，目的就是要给学生自主学习的时间。我们从不订外面的教辅材料，他们做的试题，都是老师们结合实际精编细作出来的。我们的学生，晚上十点必须熄灯休息，中午还有 1 小时的休息时间，每天睡眠 8 小时以上，每天得锻炼一小时，这恐怕是很多学校的高三学生不能做到的。

11. 坚持走好自己的路，干好自己的事，用实力来说话。

12. 人要有股子激情，有股子干劲儿。

13. 对于理科，如果没有强化的训练，就得不到高分。物理也好，化学也好，数学也好逻辑思维就无法建立。没有一个强化的训练，没有一个考试，一定培养不出拔尖创新型的人才。

14. 没有活动就没有教育，就没有活力，就没有激励和唤醒。

15. 在衡水中学，我们坚决反对片面追求升学率，但是我们大力提倡弱进特出、低进高出、高进优出、优进尖出，实现学生德智体美的全面发展、卓越发展。

16. 要切实保证学生收看新闻的时间，让学生关注时政要闻、天下大事，哪个班级也不能打折扣。同时，办公室每天收集新闻热点，在电子屏上滚动播放，让广大师生都关注时政要闻。

17. 抓升学率是每一位高中校长工作的重要抓手、不抓升学率就是对学校的不负责任，更是对学生和家长的不负责任！

18. 加班加点，多做题就能提高升学率吗？那岂不是太简单了？这是系统科学的过程。我们升学率每年都有提高，每年都是一个新高度，靠的是科学的教育理念。

19. 我要求老师们始终保持愚蠢，保持饥饿！不要把自己看得多么高大，多么聪明，要求把别人看得聪明一些，高大一些，把自己看得低一点，"愚蠢"一点。

20. 有父母心的教书人，对学生并不是放松，不是溺爱，而一定是非常严格的。没有规矩不成方圆，该惩罚的，还是要惩罚，该批评的一定要批评，没有惩戒的教育，是不完整的教育。

21. 对衡水中学来说，无论别人怎么说，我们都坚持四个不动摇，即坚持务本求真、追求卓越的精神和理念不动摇；坚持课堂教学改革，转变教与学的方式不动摇；坚持引导学生自主学习、管理、发展不动摇；坚持常规为基，安全第一，质量至上不动摇。

严格的管理。在很多人看来，衡水中学就是素质教育下来逼出的高分怪物。严苛的军事化校规管理，安排到极致的学习时间。

在衡中的课堂和自习上，你的一言一行都纪录在摄像头下，不准做任何和学习无关的事情，发呆、自习抬头等等，这样的行为都会被算作违反学习纪律。衡中的作业要求：限时作业。记录作业时间，与作业无关的事什么也不做。衡中上课禁止行为：严禁拖堂，看表、朝外看、擦眼镜、跷二郎腿、靠墙。

33. 关于衡水中学教学的思考

看了衡水中学的事迹,又多了一份一生中少有的激动,同时又多了一份思考。望子成龙,这是每一个家长的共同愿望,但是,从一条虫变成一条龙,需要一个怎样的过程去转变,因为要吃苦,这条虫从开始不懂事,到不愿意,还是我们家长,只想不做,就像是握拳一样,握而不紧,脚踩西瓜皮,滑到哪里算哪里,这确实需要我们的自我检讨。

当然,从顺其自然的角度来说,这种说法显得多余,但对有决心改变自己家庭命运的人来说,自我检讨势在必行。衡水到清华只不过三百多公里路程,可是,要从衡水跨入清华,却并不是一件容易的事,就像衡水的学生说的一样,高考多一分可能超过全省一千名学生,甚至更多,他们之所以争分夺秒,就是为了争这一分,按整个人生八十年来算,高考是人生成功第一站,十年寒窗虽苦,但能换来人生后面七十年的幸福,我总认为值得。我们的家长和老师,能不能像衡中那样要求学生,是一个很值得商讨的问题。一步达到那种要求,确实很不容易,毕竟,那是一种特种兵式的训练。但是,要提高学生的学习成绩,我还有几点建议需要补充一下。

1. 校长打造两个"静"，学习环境要"静"，学生心情要"静"。

2. 从小学一年级开始，至高中阶段，每个学生必须进入"好性格督导特训营"，特训与学校教育同步，家长和老师还要多担一份职务：特训员。每天监督学生的行为是否达标，好性格的孩子会不折不扣地完成老师布置的任务，而成为好学生。性格差的孩子会为完不成任务找出许多借口，从而成为差学生。让每一个孩子有一个好的性格，是学习成绩优秀的关键。

3. 每一个学生要树立自己的偶像，偶像是谁，要明确标出来，并制作一个偶像画像贴在课堂左上角，让偶像关注学生的举动。高要求必然有高素质，再差的个性都可训练出好习惯，再难的事都可习惯成自然。

4. 每一个学期开始，每学科老师需要让学生明白，本学期学习内容的主线是什么，像走路一样，我们必须明确地告诉学生，今天要走的路程是广州—北京，途中要经过哪些地方，让学生每走一步都是围绕这一主线而走，避免走太多的弯路。

5. 从初中到高中晚自习，应分别组成学生相互学习的梯队模式，一、二、三年级学生应插花在一起学习，实行一对一学习模式，即一个一、二、三年级学生组成一个3人学习小组，一年级学生不懂的可问二年级学生，二年级学生不懂可以问三年级学生，三年级学生不懂的可以问老师，这样，低年级学生会了，高年级学生巩固了，这是一对一教学模式。既能为老师减压，又能提高学习效率。高年级学生多了一份责任感和使命感，他会因为回答不出低年级学生的提问而羞愧，从此更能激发他学习的动力。由于插花安排，给学生们提供了一种新的学习方式，他们会更加静下心来学习，他们的内心会有一种比赛，他们会深深害怕自己学习不认真，遭到学哥学姐们的鄙视，这样，大家都会进步的。

6. 适当地组织一下学生学习心得交流探讨会，让成绩好的同学向其他同学讲解自己的学习方法和体会，以好带差，促成大家的共同进步。

34. 小心"追求完美"

　　这篇文章是献给顶尖"好性格"的高层知识分子。这种人由于对每一件事都追求完美，特别是科研类人士，在科学研究上，他们追求毫厘不差，这种性格致使他们在科研道路上成绩出色，事业成功，但是，这种人往往会把对学习的追求完美错误地用在生活上，他们除了自己追求完美外，还会要求别人完美，比方说：别人做什么事，没有达到他们要求，他们会埋怨别人怎样不够朋友，又比方说：别人交代他帮一点什么忙，他们又会为有些帮不上的忙而自责、内疚，造成生活上的困扰、不开心。

　　其实，在生活上追求完美没有必要。社会就像一片大海，它容纳着各式各样的东西，有美好的、有丑陋的，正所谓"水至清则无鱼"，整个社会就是一条生物链，从我们小时候学到的谚语就可明白："大蛇吃小蛇。小蛇吃青蛙，青蛙吃蚊子，蚊子管天下"。我们的动物棋游戏规则同样显示了这一个道理，大象欺老虎，老虎欺猴子，猴子欺老鼠，老鼠反过来又钻到大象耳朵里挠痒痒欺大象，这个规则告诉我们：即使是顶尖的大象，也完全有必要预防小老鼠的骚扰。社会上的一切低级趣味，你改变不了它，但你可以远离它。生活是一门艺术，不要自己给自己压力，追求完美主义是不现实的，生活还需要谅解、包容、自信、不自责，生活是五彩缤纷、绚丽多彩的。一个快乐的自己比什么都重要。

35. 莫要轻言离婚

现代社会，由于男女比例失调，男孩多，女孩少，女孩慢慢变得娇贵起来，娇贵一点没关系，主要是思想不要扭曲就好。性开放，贪财，任性，以自我为中心，放弃家庭包容，稍有不顺就欺公婆、整老公、闹离婚，这样就不好了。

大凡离婚家庭，都是女性提出的多，那么，离婚后的生活就真的那么好吗？我观察了多位离婚后的女性，发现在外溜了几年，先后嫁过几个别的男人，最终还是觉得没有头婚男人好，又想回到头婚家庭，可是，男人有男人的傲气，即便娶不到，也不接受离家出走的女人。可悲吗？可叹吗？人哪，知足常乐，包容才是真啦。头婚有孩连着筋，二婚后妈心藏心，夫妻不是一条心，一个家庭怎能兴。嫁了二婚又如何，隔心隔皮隔亲情。二婚哪有一婚好，同子同女同条心。家家都有难念的经，男人也有自尊心。衣服破了能修补，感情裂了无初心。奉劝天下多情女，走错路了肠悔青。人生短短几十年，莫要轻言离婚。世上人间无完人，包容快乐过一生。

36. 好性格督导特训营

　　各位家长，你们好，这里要告诉你们的第一句话就是：家庭是孩子的第一所学校，家长是孩子的第一任老师。想教育好孩子，先做一个好的自己，让孩子把自己当榜样，老师是一样的教，差距在每一位家长对孩子不同的督导！

　　"好性格"督导的坚持，胜过留给孩子一百万的家产。鼓励，批评，批评后又鼓励。有志者，事竟成，破釜沉舟，百二秦关终属楚！苦心人，天不负，卧薪尝胆，三千越甲可吞吴！

　　每天早晨上学前，必定要求孩子读一遍校训：以遵守校规为荣，以违反纪律为耻；以热爱班级为荣，以破坏团结为耻；以尊敬长辈为荣，以顶撞老师为耻；以关心同学为荣，以欺凌好斗为耻；以文明礼貌为荣，以满口脏话为耻；以刻苦学习为荣，以好吃懒做为耻；以干净整洁为荣，以肮脏邋遢为耻；以按时上课为荣，以迟到早退为耻。每天晚饭后必填下面的好性格督导特训表，是孩子们每天对自己行为是否规范达标的总结，防范孩子们偏离好的生活轨道。好性格督导的坚持不懈、潜移默化、深入骨髓地教育感化，是成就优秀孩子的唯一办法。

好性格督导特训表

日期\项目	1	2	3	4	5	6	7	8	9	10	11
不忘党恩											
感谢父母											
认真学习											
锻炼身体											
热爱家务											
不说谎话											
不沾恶习											
不玩游戏											
珍惜时间											

37. 决定人生最终结果的两个选择是什么?

大学毕业后，马上就要就业，马上就有投资的选择，同学们在资本的投入上准备好了吗？

打工，在打工中学习，又在学习中打工，这是谁也绕不开的路程，有了部分积蓄后，你的投资将面临两个选择，一是买房投资，二是创业投资。这两种投资决定你人生的两种不同的结果。

从目前的情况看来，大多数同学都选择了"结婚前要买房"，房子是人生的必需品，有了新房子，才有好环境，才算得上是一种享受，但是，买房子是人的一生中最大的一笔开支，买了房子，你将会变成一个房奴，你将会为还房贷永远打一份工，赚一份钱，你将结束你创业的梦想，斩断你曾经飞翔的所有情怀，房贷让你变成一个规规矩矩、老老实实的人，你的一生将定格在打工的路上。

如果你选择将积蓄投资到创业上，做自己喜欢做的事，那你就失去了假期，失去了休息，失去了享受，你的生活环境也许会像乞丐一样，一餐吃一包方便面来应付生活，你将面临你人生最终的两个结果，你的事业失败了，你会永远都爬不起来，你的事业成功了，你将变得意气风发，神采飞扬。你将会喜欢背诵毛泽东同志的《沁园春·长沙》：问苍茫大地，谁主沉浮？《沁园春·雪》：
数风流人物，还看今朝。

　　同学们，大学快毕业了，你准备好了吗？

38. 盲目崇拜害处大

我们讲过，年轻人要树立自己的偶像，自己心中的英雄，我们都很崇拜英雄，但是，这种崇拜是理智的，而不是盲目的，更不是疯狂的。

有的人崇拜英雄，连抽烟、离婚都崇拜，这就不好了。崇拜英雄，是学习他那种成功的精神，学习那种常人所没有的勇气和决心，来提升自己。

当今社会，总有一部分大学生进入社会后，会盲目地追逐大领导、大明星、大企业家，他们常常会吹嘘自己和某位名人吃过饭、说过话、握过手，他们借钱都要去进行这种交际，常常把自己微薄的收入花个精光，以显示自己已经进入到上流社会，只是等他们年老的时候，才发现自己落后了，跟不上平日里不显眼的、平平常常的同学、发小，才发现自己从前的做法是多么的可笑和愚蠢。

同学们，人生没有靠山，就要把自己当靠山，学人之长，弃人之短，摒弃虚荣，脚踏实地，才是实实在在的。记住：敬重自己的人，往往是比自己差的人，自己要学习的人，是学他的优点，而不是缺点，因为人无完人，如果崇拜英雄，连他的缺点也崇拜的话，那你就会成为一个不明智的你，遗憾的你。

39. 婴儿给父母上的第一堂课

　　听到这个标题，也许你会感到非常惊讶：婴儿怎么会给父母上课？没错，婴儿确实给父母上了一堂课。因为他"哭"了，你就要学会去猜测他有什么需求，从而去解决他的需求。遗憾的是，大多数父母不知道把这项学习用在日常生活中，面对领导、客户的需求，我们通常不会去琢磨领会，而是被动地等待领导的命令、客户的要求，被动地去为完成这些任务而疲于奔命，虽然很辛苦，但得不到赏识。历史上的"和珅"可算得上一个绝顶聪明的人物，皇帝的所思所想他都能悟个透彻，难怪他贪那么多钱，皇上都不忍心责罚他。其实很简单：他时时刻刻把自己比作是一位照顾婴儿的父母，而这个"婴儿"就是皇上。

　　"和珅"是一个奸臣，奸就奸在他为讨好皇上，不做半点忧国忧民的劝告，因为他怕难为了皇上，让皇上不高兴，这是政治上的一面。但他精明的一面，应该说是在生活上照顾皇帝的一面，他不是皇上患难的知己，但绝对是皇上生活的密友，我们要学也就是要学这一面。

40. 影响孩子学习的两大因素

老师是一样地教，为什么孩子的成绩差别那么大，这是一个值得我们思考的问题。如果说孩子的天赋是影响学习成绩的内因的话，那么家庭环境就是影响孩子成绩的外因。外因有两个因素：一是家庭环境，二是家长督导能力。一个长期支起麻将桌的家庭和一个书香门第家庭成长出来的孩子是不一样的。俗话说："近朱者赤，近墨者黑"。要想孩子学习好，父母要作表率，有喜欢学习的家长，必定有喜欢学习的孩子，能督导好孩子的家长，必是一位让孩子信服的家长。为什么有的穷孩子，学习成绩也挺好，就是因为他们有好爸爸好妈妈，虽然爸妈赚不到钱，但为人老实，对孩子温暖教育，让孩子信服。同时，孩子又比较懂得父母的艰辛，并立志通过学习来改变家庭的环境，学习成了他们能让父母摆脱那种苦难生活的动力。

从孩子出生的那一刻起，上进的家长必定制定一套"好性格"的督导规则，孩子长大后养成什么性格，完全取决于家长的督导。官宦会教孩子做官，商人会教孩子经商，强盗会教孩子偷抢。性格决定命运，孩子的命运有一半就操控在父母手中，所以，父母做一个好的自己非常重要，对孩子好的督导也非常重要。

41. 什么样的人赚得到钱

聪明、老实、讲信用、乐于助人、懂感恩的人赚得到钱。

你可以观察一下周围的人，凡是具备上述条件的人，都不缺钱。聪明，并不是狡猾，聪明就是能把别人交代的事情做好，是质量和数量上的好，也就是能保质保量地完成任务。

老实讲信用，能让人对你放心，别人所有的好事，想要找人做，首先会想到你。因为你老实，万一工作中出了事故，你也不会去敲诈别人，别人对你放心。因为你讲信用，你答应别人的事，会如期完成，让人放心。乐于助人，就是喜欢帮助别人，帮助别人是要吃点小亏的，你拥有吃小亏的思想，就会乐于助人。虽然受你恩惠的人在短时间内不可能回报你，但是，当他有能力的时候，到你的下一代都会报恩于你，这就是善有善报的因果循环。当然，白眼狼是要警惕的，因为这种人占小便宜没有一个度。

懂感恩的人，始终都会得到长辈和上级的器重，所有好事都会发生在他身上。

同学们，相信我，做好你自己，你是会发财的。

42. 怎样做合格的爸爸妈妈

从孩子出生的那一刻起，我们就多了一重责任，就是：孩子不仅要养好，而且还要教好。那么，怎样才能教好一个孩子呢？下面就谈一下教出一个"好性格"孩子的几个心得：

一、做慈祥的、让孩子感到温暖的父母。父母与孩子必须像朋友一样，说话要微笑平和，用百分之九十八的微笑，让孩子觉得父母可信、家庭温暖。再用百分之二的责备，让他们改正缺点。

二、宠孩子但不能溺爱。让孩子尽早学会独立生活。在暴风雨中飞翔的雄鹰更健康、更强壮。

三、用自己的诚实做孩子的榜样，诚信是立人之本，没有诚信，就没有了一切。

四、培养孩子热爱劳动、做家务，把劳动看作是锻炼身体的运动，大富在天，小富在勤，一生勤劳的人，一家人从来都不会有饥饿。

五、时间就是效率。成绩优秀的孩子，是没有时间玩耍的，他们有太多的问题需要去理解、去弄懂，越学得深、悟得深的孩子，时间越不够用。

六、教孩子远离赌博、吸毒、游戏恶习。游戏是抢占学习时间的天敌。赌博、吸毒会让人失去诚信，失去一切。

七、教育孩子提防受骗。切莫贪小便宜，你想要骗子的息，骗子会要你的本，如有人对你施小恩小惠，你要多加一个问号：他为什么要对我这么好？

八、教孩子懂得感恩。让孩子多了解自己生活的困难、艰辛、工作的烦恼，不要让孩子觉得你是一个轻松的爸妈。

以上八条实际上就是我们"好性格督导特训营"对做合格的爸妈的解读，欢迎加入我们的"好性格"督导特训营。

43. 大学生的"通病"

目前，有相当一部分大学生得了一种通病，认为打工"低人一等"。毕业后，满脑子的"公司""品牌"。三五个同学抱团取暖，凑几个钱，租门面，搞装修，干劲十足，满脑子里漂来漂去的是："我的公司，我的品牌"。把自己标榜成经理、专员、代言人。等开业了，因拿不出自己的核心产品，客户寥寥无几，于是，开始由兴奋转向失望。几个月过后，房租、水电、生活费源源不断地支出，山穷水尽了，垮了，散了，于是，开始心灰意冷，开始仰天长叹，开始感悟世界的无奈。年轻人哪，大叔和你们谈一谈心好吗？ 首先，做事要脚踏实地，不要异想天开，不要想着一步登天。再大的将军，都是从士兵一步一步走上去的，再大的老板，都是从打工开始做起的，只有打工，才能学得到经验、技术，而且才能悟出自己技术的"核心"，叫作"核心技术"，有了"核心技术"，才会有自己的特色产品，才会有自己的回头客户。

另外，要有资本的积累，也就是人们常说的"第一桶金"。大的资本，是降低产品成本的关键因素，这就要求你具有勤俭持家的本性，没有勤俭节约，就没有资本的积累。

做人哪，就像唱一首歌，该唱低音的时候，绝对不要去唱高音，否则，就乱调了。起步都唱高音，后面的高音还怎么唱上去？不要想着年轻时就辉煌，年老了以后，有一点点辉煌就不错了，因为笑到最后的人，才是真正的赢家。

44. 父母欠孩子什么？

欠孩子一个感恩教育，是当今父母的通病。

现代社会，大家都富裕了，孩子要什么父母就给什么，好像一切满足孩子，就把孩子养好了。我们这一代苦过的父母，总是为能满足孩子的一切需求而倍感欣慰，觉得也是自己的一种能力，认为这样满足孩子就问心无愧，就能教育出好孩子。然而，当孩子大学毕业后，就突然变了，变得与我们不一样了，甚至不认识了。他们不会由于父母的付出有一丝丝的感恩，却会为与别的同学攀比得不到面子而苦恼，而怪罪父母，有时还会因为得不到满足，与父母翻脸、争吵，甚至离家出走，不理父母，不接电话，让父母看冷脸色。一夜之间，完全可以让父母精神崩溃。父母开始想不通了，自己对孩子那么好，怎么孩子还是那么不满足呢？怪谁呀，怪自己吧，怪自己什么都给了孩子，唯独没有把感恩教育送给孩子。

为了孩子能够安心学习，自己生活中的苦，工作上的累，通通自己独立承受了，唯独没有让孩子共同感受。要强的父母在孩子面前，总是扮演着伟大的角色，让孩子错误地认为：你有那么多的亲戚朋友，有什么困难可以独自解决，不再需要孩子帮忙。正是这种错误思维的存在，孩子对父母不仅无感恩关怀之心，而且仅剩索取之意。可悲啊，忘了感恩教育的父母们。

45. 爱生活，从爱自己开始

改革开放后，人民的生活水平有了显著的提高，但是，我们的幸福指数并不高，因为生活中出了一个大问题，就是很多家庭因治疗癌症、心脑血管疾病，把一个原本幸福的家庭拖回到贫困的深渊。我们发现了多方面的问题，总结了一条令人惊讶的答案，那就是："我们爱生活，但我们并没有爱自己。"

大家常常可以看到：很多人买一套几十万、甚至上百万的房子，心中不会犹豫一下，买一部十几万的小车，眼睛都不会眨一下。但是，如果要花上几百元去学一下养生知识，花个几百元去医院看病治疗，恐怕很多人都会不情愿，都会认为太贵了。

不知大家是不懂，还是不愿，房子、车子、身子究竟哪一样最重要？本该排第一的身子都排到了最后。当我们对抽烟、酗酒的人们提出忠告的时候，他们会说"吃饱了喝足了，死了也情愿"，当他们当真倒在病床上，还没有住过刚刚建好的新房子，却又要离开人世的时候，他们会泪流满面地忏悔：做人不值啊！同学们啊，前车之鉴，后事之师，我们要警醒起来了。养生，已成为我们的头等大事，从我们这一代开始，我们要成为一个懂养生、爱养生的民族，我们始终要树立自己的生活信仰：爱生活，就从爱自己开始。

46. 怎样做一个婚后的好男人好女人

俗话说：家和万事兴。一个女人，结了婚后，很快就会进入到两个角色：为人妻、为人母。因此，也就担起了妻和母的双重责任。

一个男人，结了婚后，很快也会进入到两个角色：为人夫、为人父。因此，也就担起了夫和父的双重责任。

当今社会，离婚现象这么多，就是夫妻双方没有把自己的责任做好。婚后的男人，为了赚钱，长期不在家陪妻子、陪孩子，长时间分居，将会慢慢淡化彼此的感情。女人，和所有的雌性动物一样，都有发情期，如果长期得不到男人的关爱，她的性格会变得异常暴躁，有时也会把这种暴躁发泄在孩子身上，对孩子的身心发展极为不利。

婚后的女人，有了孩子后，往往会把精力重心用在孩子身上，忽视对丈夫的生活上的照顾、生理上的需求。男人，跟所有雄性动物一样，有着天然的荷尔蒙产生，有着天生的性冲动，如果妻子不在身边，长时间得不到释放，就会另寻新欢，不仅给夫妻感情造成危险，就是家庭经济也会造成损失。一个女人能不能旺夫，就是看生活上能不能关心丈夫，生理上能不能满足丈夫。

夫妻最好的生活规则就是：吃在一起，住在一起，睡在一起。男人再忙也要回家吃饭、睡觉、陪老婆、陪孩子，女人再苦，也要关心老公、爱护老公。互相珍惜，互相关爱，就会有感情的递增，双方不要用种种理由来破坏这个规则，否则，婚姻会不稳定的，生活会不幸福的。

很多年轻人结了婚后，不懂得珍惜，不知道对方需要什么，以致出现了感情问题，还不知道怎么回事，往往为了一言不合就离婚。老人家要提醒一句的就是：离婚是双方和孩子噩梦的开始，二婚很多会有真心换伤心的结局。各位年轻人，家和万事兴，且行且珍惜。

47. 感恩教育有绝招

绝招在哪里？在饭桌上。年轻的妈妈与年老的父母在同桌吃饭的时候，不妨和孩子做一个爱的游戏，让孩子慢慢懂得：什么是孝敬父母，孝敬老人。

年轻的妈妈可以与孩子有一个约定：每当过节日全家吃团圆饭的时候，年轻的妈妈叫上孩子：宝贝，来，我们去给爷爷奶奶盛饭。盛好了以后，要记住双手递到爷爷奶奶手中，一只手递的话是不礼貌的，是不行的哟。来，给爷爷奶奶夹好吃的菜，宝贝好乖哦。

从孩子懂事时起，一个家庭中，只要做妈妈的能这样教育孩子孝敬老人，以后，当自己老了的时候，自己就有权要求孩子这样去教育孙子，老人也要善意地接受儿媳和孙子的这种游戏，不要认为自己身体还硬朗，就拒绝这种爱心游戏，因为等你老了，不能动了，这种游戏就没有了。记住，年轻的妈妈就是家中的风水，一个家的家风好坏，全靠妈妈对孩子的教育，因为大多数爸爸在外工作打拼，与孩子接触、教育的时间很少。给父母福报，就是给自己将来的福报。

有一点特别需要提醒的就是：年轻的妈妈一定要放弃一种责怪父母的错误思想，认为这点也是父母对自己不好，那点也是父母不支持自己，把自己生活的种种不如意，全部归责在父母身上，从而在心中产生怨恨父母的情绪，从来不理解父母也有难处。有这种思想，你将无法做孝敬老人的榜样，将来你也无权要求孩子孝敬你自己。切记古训：行孝必有孝报，行恶必有恶报，不是恶报没有到，而是时间没来到。满心皆善之人，满眼皆是恩，满心皆是恩的人，处处都行孝。恩给了孩子，孝给了老人，做一个好的自己，就可以教出好的孩子，教出了好孩子，福报就在等自己，给老人尽孝，就是在给自己积德，积德修行到圆满，福报自然来报到。

48. 孩子间比成绩，其实是家长间比督导

　　一般来说，城市的孩子和农村的孩子学习成绩不一样，同一个班的孩子也不一样，这说明了什么？这说明了：不一样的成绩，来自家长们不一样的督导。有些家长很认真地管，有些家长随便地管，有些家长甚至没有时间管，结果肯定不一样。

　　孩子一生命运的好坏，很大程度上取决于家长们的言传身教，家长们的一句话，都有可能成为孩子一生的座右铭。老师教的是文化，家长们教的是性格。文化决定着孩子们职业路上的深浅高低，而性格决定着孩子们处理一切问题的能力。没有一个优秀的家长，很难会有一个优秀的孩子。

　　家长不是有钱就优秀，而是不沾恶习，言传身教能感动到孩子，才能算优秀。孩子从小有样看样，无样看墙上。教得好就会学好，教得坏就会学坏。天分再好的孩子，没有家长一个好的引导，他都不会成为好孩子。

　　好孩子会对老师的教导铭记在心，成为一位成绩优秀的孩子，坏孩子是因为沾染了恶习，一切以自私、任性为主而成为差等生，这就是区别。

　　因此，要想孩子学习好，首先就要孩子性格好；想要孩子性格好，首先就要家长好；想要提升自己的家长，请

关注：感恩有我好性格督导特训班。发挥我们的长处，补齐大家的短板，让我们共同成长。

作者寄语

尊敬的家长、同学，你们好：

我们拥有强大的爱心团队，有知名教授，有创业成功的企业家，有在校积极探索人生成功之路的热心学哥、学姐。他们把自己的所感所悟、人生经验，毫无保留地奉献出来，就是为了广大学弟、学妹少走人生的弯路。为了他们的成长，心甘情愿当好引路人。为了能把这项爱心活动永久地传递下去，让更多的学弟、学妹能读到这本书，指引他们走上成功路，请阅读后，留下感想。学长们会替未来的弟弟、妹妹谢谢你们。

对于怎样学习、怎样做人、怎样创业，将来又怎样教育好自己的孩子，也许你们的爷爷奶奶因文化不高无法教你；也许你们的爸爸妈妈因工作太忙没时间教你；也许你们的老师因备课忙而顾不上你。但是，我们这里有一群人，没有忘记你们，愿你们献出爱心，跟随着学长们的脚步，将爱心慢慢飘散开来，愿所有父母能有孝顺的儿女，愿所有的学弟学妹能有幸福的人生。